カウンセリングとともに生きる

存在への勇気

國分康孝［著］
國分久子［監修］

図書文化

May 20, 2018
Courage to be
Yasutaka Kokubu

Being is choosing
Hisako Kokubu

はじめに

私ども夫婦の共通の師匠である霜田静志（多摩美術大学教授、ニイル研究家）が老衰でいよいよ入院というとき、こう語られた。

「僕は耳も足腰も不便になったが、口だけはまだ大丈夫だ。それゆえ入院してからも仕事をする。それは若い人をベッドサイドに招いて、僕の八十三年の人生を語ることだ。若い人たちの何かの足しになると思うのだが」と。

私は師匠の心意気を継いで、私のカウンセリング道程を、八十八年の人生と共に語ろうと思う。

事実誤認と解釈の我田引水を予防するために、妻、久子に原稿のチェック役を引き受けてもらうことにした。私どもは学生時代からのつきあい・ふれあいを六十数年共有してきた仲である。

二〇一八年　満開の桜の日に

國分康孝
國分久子

國分康孝
國分久子夫妻

父、國分一郎（74歳）と母、ツヤ（67歳）
（横浜・金沢区の実家前にて 1973年元旦）

霜田静志先生（1967年）

ミシガン州立大学博士課程
卒業式での國分康孝 Ph.D.

國分康孝と村主典英（図書文化社前社長）

Contents

青年期　Stage Ⅱ

「満を持して放たず」の心意気　41

壮年前期 Stage Ⅲ アイデンティティ混乱期を経てカウンセリング・サイコロジストへ　71

本書は、NPO法人日本教育カウンセラー協会機関誌第四五～五三号（二〇一五年九月～二〇一八年四月）、および『指導と評価』二〇一七年四月号～二〇一八年三月号で連載された内容を再構成したものです。

stage I　幼年期・少年期

私の原点――父と母、陸幼体験

1930～1945年（0～14歳）

◆第1章　おやじの誇り・おふくろの悟り

◆第2章　教育への開眼――陸幼にみた人間教育の礎

東京陸軍幼年学校

1945年4～8月（14歳）

第1章　おやじの誇り・おふくろの悟り

私が筑波大学で定年退職（一九九六年）したとき、同僚教授の岩崎庸男副学長が送別会で私をこう評してくださった。

「國分さんは、大和魂が星条旗の背広を着ているような人」と。私はいまもこの評が気に入っている。次のように解釈しているからである。

「國分のカウンセリング心理学は、論理実証性となにわ節（ヒューマニスティック）の統合である」――この論理性に偏向しない人情主義（emotive 志向）は、幼少期の父母との家庭生活にあるように思う。

1　おやじの無念

私の父は母子家庭に育ったので生活にゆとりがなく、上級学校に進学できなかった。旧制中学校を終えるとすぐ銀行に勤めた。算盤が覚えられなくて上司に算盤で頭を叩かれ、算盤の珠が床にこぼれ散ったこともあると、子どもの私たちに語ったことがある。

私が連想するのは、フロイドの父が通行人から「ユダヤ人！」と怒鳴られ頭をはたかれ、帽子が路上に転がった光景である。フロイドの父は黙って帽子を拾った。ユダヤ人であるがゆえの無念さがフロイドの「子ども心」に焼きついたであろう。

子どもながらに私は思った。「父の無念を晴らしたい」と。この思いはいまも残っている。父は「子どもにだけはこんな思いはさせたくない」「そのためには高等教育を受けさせたい」「それには鹿児島から都会に出ることだ」と考えたらしい。

当時、親戚の山本実彦が改造社を起こしていた。そこで助力を求めたが、親身になってくれなかった。しかし勤務先の銀行が大阪支店に転勤させてくれた。大阪支店には、以前小学校の教員をしていた先輩がおられて、「僕の教え子で推薦したい女性がいる」と父に紹介した。それが私の母である。母は鹿児島の市来出身、父は薩摩川内の出身である。私は大阪生まれ（一九三〇年）でいまも大阪弁が抜けないが、本籍は鹿児島であり、私は自分を鹿児島県人と思っている。

父は、同僚との飲み会から帰宅すると「今日の集まりで帝大を出ていないのは僕だけだった」と言うことがあった。祖母（父の母）は「あなた方のお父さんにかわいそうなことをした（ガッツイグラシカ）」と孫の私たちに詫びることもあった。同輩の帝大出が支店長に昇任しても父は出張所長であったが、やがて父も支店長になれそうだというときには、子どもたちは中学生になりはじめていた。

そこで父は、大阪から東京に転居する一大決心をした。息子五人に高等教育を受けさせるのに、東京なら自宅通学ができる、下宿料不要だ、そう考えたらしい。銀行を辞めて、先輩のつてでゴム工業会の職員に転身した。要するに私の父は、金のない無念、学歴の低い無念、地位の低い無念に耐えて、子どもの教育に全力投球したのである。

それゆえ私自身は、無念な思いをしない人生を心がけた。父子そろって無念な人生では父も浮かばれまい。そんな思いがある。

例えば、私が臨床心理士だけがスクールカウンセラーに採用されている制度に異を唱えはじめたとき、心理学会の偉い先生から電話があった。「國分君は僕らに弓を引く気か」と。私はここで折れては無念が残ると即座に思った。生あるかぎり弓を引き続けよう、そう決心し今日にいたっている。

父の無念が私の原動力になっていることが、もう一つある。何らかの理由で無念な思いをしている学生がいたら、何とかヘルプしたくなる（おせっかいを焼きたくなる）傾向のことである。例えば、こんなことがあった。修士論文の原稿が遅い学生に「どうした？」と聞くと、「ワープロを持っていないので、大学のワープロが空くのを待っているのです」と言う。「ワープロを買うお金があるなら、洗濯機を買ってくれと女房が言うんです」と。私は妻にこれを告げた。妻はすぐに自分のワープロをこの学生に貸した。

2　おやじの子煩悩

父の父は小学校長（明治三十年代）であったが、父は写真でしか自分の父を知らない。父の幼児期に逝去したからである。父に確かめ損なったが、父は自分の父にしてほしかったことを、私たち子どもにしてくれたのではないかと思う。

私の家庭は父・母・祖母と子ども六人（長女は五歳で他界。男児五人。私は次男）の九人家族であった。父は子どもの面倒見がよかった。いまも兄弟が集まると「おやじには背中を流してもらったなあ」と懐古の声しきりである。この父の面倒見のよさがあって、母は姑とのストレスにも耐えられたのではないか。これも確認しないままになっている。

海水浴は大阪の浜寺に行くのが通例だった。一回だけ兵庫の武庫川に行ったが、私が流されそうになって、見知らぬ少年に手を引っ張ってもらったので溺死しないですんだことがある。父は子どもを再び武庫川に連れて行くことはなかった。いまも私は武庫川が怖い。

私が都立青山高等学校（一九四三年当時は十五中）を受験するとき、父がつき合ってくれた。「おまえはぼんやりものだから、父さんは心配でしばらく校門のところに立っていた」と語っていた。案の定、都立十五中は不合格だった。

その後、父は出勤前の早朝に、私を連れて私立東京中学校（現、東京高等学校。大田区鵜の木）の下見に行った。この学校は戦時中もリベラルで、人情味のある雰囲気で生徒の学力も高く、そのおかげで私は陸軍幼年学校にも高等師範学校にも合格できた。

父は俳句をたしなんでいたが、絵画には無縁であった。ところが私ども夫婦の師匠、霜田静志の個展には顔を出し、絵を買ったのである。「絵ってどれくらいするの？」と聞くと

「おまえがびっくりするから……」とその値段を言わなかった。

子どものために、酒も煙草も倹約していた父が大金をはたいたわけである。その絵はいま、私の寝室に飾ってある。波しぶきの海の風景である。

いちばんしみじみとする父との思い出は、昭和二十年初夏のことである。

いよいよアメリカ軍を迎え撃つ準備をしているとき、父が八王子の東京陸軍幼年学校に私を訪ねてきた。私は練兵場の一隅に父を連れて行き、「これが最後の面会になるかもしれない」とつぶやいた。父はこう応じた。「おまえがいなくなると寂しくなるな」と。

子どもは五人もいるのだから一人ぐらい戦死してもどうといったこともあるまい、と思っていた私は、「父親にも母親と同じやさしさがあるのだ」と初めて開眼した思いだった。

こういう体験を通して、父はいまも私の中に生きている。その結果、「父が私にしてくれたことを自分の娘や学生にもして返そう」――これが私の行動パターンになっている。

これは教職人生でありがたい行動傾向であった。

例えば、教え子からの賀状に返事をするときは、一人一人に吟味したコメントを記すようにしているが、これはおやじが風呂で子どもに声をかけながら背中を流しているときの感覚である。あるいは、娘や教え子が執筆や就職で世話になった方への礼状を出すことがあるが、これは私の師匠の描いた絵を購入した父の親心の模倣である。

3　おやじの誇り

父が定年退職したとき、持ち家を除いて蓄財はほとんどなかった。そこで五人の息子が両親の生活費の一部を分担支出することにし、長男がその窓口を務めた。この話をアメリカ人の教授にしたところ、「君の父親は子どもに劣等感をもつんじゃないかな。俺たちアメリカ人の父親はそうだよ」と言った。この話を私は父にぶつけてみた。

父はびくともせずこう答えた。「俺はおまえたちに感謝はしているが、ひけめなどまったくない。何しろおまえたちは俺の子どもだからな」

父のキャリア人生は無念から始まったが、その締めくくりは「何しろおまえたちは俺の子どもだからな」と父親の自信と誇りにあふれていた。私もそれにあやかって、自分の教え子には「何しろ、君たちは僕の教え子だからな」と言える自分になりたい。教え子が私の上司になっても呼び捨てにする気力はもちたいものだと願っている。

父がいよいよ臨終というとき、子どもたちは初めて父のしもの世話をした。「こんなことをさせてすまんなあ」と父。

私は兄弟を代表する形でこう返した。「僕らが子どものころしてもらったことを、いまして返しているだけだよ」──私のこのセリフを兄弟たちはあとでほめてくれた。「康孝ちゃん、いいことを言ってくれたなあ」と。私生活で私のカウンセリングが役に立ったまれな場面であった。

父が最期に教えてくれたことがある。「康孝、俺の脈をみてくれ」と父が言った。私の感触では脈はなかった。ところが医師は私にかわって脈に手をあててこう告げた。「まだ生きておられますよ」

私はこう悟った。「死につつあるということは、生きつつあるということだ。生きつつあるとは、死につつあることだ」と。これはロジャーズ研究家の友田不二男教授が、「カウンセリングとは死に方を教える学問だ」と講義された意味を体験学習した瞬間であった。父は享年七十六歳であった。

その後、母は九十六歳まで生きたので、私も九十五歳までは元気なはずだと思って二年半にわたるこの連載を引き受けた（※）。その母の影響を語りたい。

※編集部注：初出は連載。十ページ参照。

4　おふくろの執念

母には心ゆくまでかわいがってもらった。しかし母には返したことがあまりない。だからといって私はそんなに強い罪悪感はない。父のセリフを適用すれば「何しろ僕のおふくろさんだから、何かして返さなかったといってむくれることはない。僕が元気に生きているだけで笑顔のはずだ」となる。

私は自分は気が利かない人間だと思っている。ソーシャルスキルが貧困だという意味である。無条件で甘やかしてもらったせいだと思っている。気が利かないばかりか、母の気に入る息子、「若年寄」になった。つまり、年齢の割に整いすぎて非の打ちどころのない優等生タイプになった。「気が利かない」「若年寄」。この二つが私の私生活上の課題となった。

要するに母は「母子一体感」という言葉の実物であった。「この子は私そのものである」という執念がある。例えばこんなことがあった。

戦時中、母は鹿児島に疎開することになり、今生の見納めにと陸軍幼年学校に私を訪ねてきた。面会所で名残を惜しんで別れた。私は自分の居住区に戻ったが、死ぬ前にもう一度おふくろに会いたいなあと思いつつ、廊下を歩いていた。すると廊下の突き当たりに母が立っていた。そこは民間人の立入禁止区域であった。同じ様式の棟が複数並ぶなか、よりによって息子の居住区の廊下までやって来たとは……。以心伝心とはこのことか。ユングのいうシンクロニシティ（Synchronicity）とはこのことか。

このことは戦後、母と何回も話題にした。母は「不思議だったねえ」を繰り返していた。

母は晩年になっても母子一体の風があった。「久子さん、うちの康孝にあまり酒を飲ませちゃだめですよ」「久子さん、うちの康孝にご飯のおかわりをさせちゃだめですよ」といったぐあいであった。私が太るのがいちばん不安だったようだ。うるさいなあと思ったこともあるが、かわいがってもらったおかげで自己肯定感が育った。これは私の人生の宝となった。私のレジリエンス（回復力）の支えになったからである。

5　おふくろの業績

母の業績は、仲のよい兄弟を育ててくれたことである。

息子とその妻や孫も交えての墓参りや宴会を恒例化しているが、そのつど「こんな楽しい会がもてるのもおふくろさんのおかげだよ」と八十を超えた息子たちは語り合っている。

世の中にはシブリング・ライバルリィ（sibling rivalry）といって、兄弟姉妹の仲がよくない人々がいる。そのことを考えるとおふくろの育児法は智恵があった。

そのポイントの一つは、子ども一人一人の特色を子どもが揃っているときにみんなの前で言うことであった。「あなたは心の清い子だ」「あなたは素直な子だ」「あなたはやさしい子だ」「あなたは人を引っ張る力のある子だ」「あなたはいるだけでほっとする子だ」といったぐあいである。大人になってもこのパターンはおおむね同じで、内容が変化した。「あなた、口が達者ね。昔は無口だったのに」「あなた、子どもがかわいいでしょう。よかったねえ」など。兄弟は母をめぐって愛情争奪戦をしないですんだ。公平に遇されている、そう感じて育ったと思われる。

母の業績はもう一つある。兄弟の相互扶助を促進したことである。「今日は○○の身体検査がある。△△のシャツを○○に貸してあげなさい」「△△の宿題を□□は手伝ってあげなさい」といったぐあいである。そのおかげで、アメリカ留学中につましい生活をしていた私ども夫婦に、アメリカ駐在の商社マンの四男が大金を貸してくれた。このことをのちに母も喜んでいた。かつて、母の要請を受けた私は、四男の一橋大学の合否の発表を遠路見に行った。五男の青山学院の発表のときは、私ども夫婦が五男につき合って渋谷に出かけた。

私は学生時代、学帽着用が必要な会に出るのに帽子を持っていなかった。バイト代を帽子に散財したくなかったからである。運よく私の東京教育大と三男の東大の帽子が同じだったので借用した。あとで思い出したが、三男の高校時代、私はバイト代を三男の本代に喜捨したことが何回かあった。

長男は赤尾好夫の『英語の綜合的研究』（旺文社）を買ってきて兄弟で共有した。そのおかげで次男、三男、四男は英語がそこそこできたと思われる。当時長男は立教大学の学生だったので、六大学野球の応援に弟たちをよく誘ってくれた。幼児だった五男の看病をする母の代理で、中三の長男が中一の次男（私）の保護者会に出席してくれたこともある。

保護者会には、原則、母が出席してくれた。そのときは、子どもたちが「僕はE組だ。Eという英語は……」「僕はB組だ。Bというのは……」とその字の形を説明した。ある保護者がわが子のクラス名の英語を忘れてしまい、「あのう、サルというあだ名の先生の教室はどこですか」と聞いたそうである。母にそういう思いをさせたくなかったのである。

兄弟姉妹仲がよいというのは、社会人になってからチームワークを組むときに、人間関係の苦労が少なくてすむというメリットがある。特に私ども夫婦のようにグループに対応する仕事（例：SGE、研究会、各種会議）では、メンバー同士の和や相互扶助が必要なので、私生活での兄弟姉妹感覚が役立つことが多々ある。

6　おふくろの悟り

私が父親になったころ（三十七歳）、もう時効になったと判断したのか、母がこう語った。「あなたが結婚したとき、みんながおめでとうと言ってくれたけれど、お母ちゃんは全然嬉しくなかったよ。押し入れに入っているあなたのふとんのにおいをかいで毎日泣いていたのよ」――私の解釈ではこうなる。会者定離は人生ではいかんともしがたい事柄である。甘受せざるを得ない。ニーバー風に言えば、変え得ざるものを受け入れる勇気を与えたまえという心境で泣いていたのであろう。私の言う母の悟りとは、つらい現実を受容する覚悟のことである。そのおかげで私ども夫婦は母に縛られない人生をつくることができた。

こんなこともあった。私が小学校一年生のころ、担任が私の丸首のセーターを見て、「寒いでしょう。お母さんに襟を立ててもらいなさい」とアドバイスされた。そのことを母に告げたが、母はとり合わず、そのまま年月は流れた。母が八十歳のころ、「あのときのことを覚えてる？」と聞いてみた。「よーく覚えているよ。あのときはお金がなくて毛糸があれ以上買えなかったのよ」――世の中は金がなければしたいこともできないことがある、という現実を母は諦観していたと思われる。

ここで思い出すのは山本五十六（連合艦隊司令長官）の処世訓である。

『男の修行』山本五十六
苦しいこともあるだろう
云い度いこともあるだろう
不満なこともあるだろう
腹の立つこともあるだろう
泣き度いこともあるだろう
これらをじっとこらえてゆくのが
男の修行である。

思うに私は母を介して、人間修行のレディネスを身につけたと思う。

第2章　教育への開眼——陸幼にみた人間教育の礎

東京陸軍幼年学校

私は講義・講演・執筆の折に、「霜田・ニイルは……」「アメリカで……」「陸軍幼年学校生徒のころ……」と引用することが多い。そこで本章では陸軍幼年学校（陸幼）は私にどんな影響を残しているかを語りたい。

結論から言えば、私が教育の分野にキャリアを求めた動機は陸幼生徒（当時十四歳。中学校三年生相当）の体験にある。

陸幼とは陸軍将校の候補者に軍人としての一般教養を教育する中高一貫（中二～高二の年齢層の三学年制）の学校であった。卒業後は陸軍士官学校で専門教育（例：砲兵、工兵、歩兵、航空など）を受けたあと、少尉に任官する仕組みになっていた。入学試験は難関であり、当時は世間の評価も高かった。昭和二十年八月十五日の敗戦により四十九年の歴史を閉じた。私は東京陸軍幼年学校最終期の第四十九期生であった。

この陸幼の何が私をして教育者の道へと導いたのか。私を魅きつけたことが三つある。それぞれ具体例とその背後にあると思われる理由を語りたい。

1　階級より「人間として」

陸幼教育に私が魅せられた一つ目の事柄は、地位や身分を超えた人間として自他を遇する教育であったことである。

軍人の世界は階級が支配する体育系の組織と思っている人が多いと思うが、陸幼は軍隊そのものではなく学校であるから、当時の軍国調の一般の公立中学校よりも、人間尊重の慈愛に満ちた教育が行われていた。

入校してまもなくのころ、風呂場の脱衣所で矢沢開介大尉（当時二十五歳。生徒監）が周りの生徒たちに、次のような声かけをしていた。「君たちは将来部下をもつようになる。部下の中には大学出もいるし刑務所出身者もいる。しかし、大学出も刑務所出身者も人間としては同じだから、同じようにかわいがらないとだめだ。第一、君たちが陸幼出だ、陸士出だ、中隊長だ、大隊長だといったところで、この部下と同じように普通の人間なんだ」

陸幼でも修身（道徳に関する教科）に相当する授業があったが、生徒に影響を与えたのは、指導教官や上級生のインフォーマルな自己開示的な言動であった。

私のクラスの生徒監は、矢沢大尉の陸幼時代の上級生であった柴田寿彦少佐（当時二十七歳）であった。柴田生徒監はこんな話をしてくださった。

「俺が連隊旗手（新任少尉の名誉職）のとき、演習を見ながら連隊長殿が泣いておられたんだ。『どうされたのですか』と尋ねたら『この青年たちが兵隊にとられたばかりに（召集令状が来たの意）泥にまみれて、このまま青春時代を失っていくのかと思うとほんとうにかわいそうになった』と答えられた。君たちはこれから階級が上がっていくが、いくら階級が上がっても、人間としての気持ちを忘れちゃだめだ、そしてその気持ちを表明する勇気をもたないとだめだ」

その後私は、この訓話の実例にふれる機会があった。昭和二十年八月一日に東京陸幼八王子キャンパスはアメリカ軍の爆撃を受け、教職員・生徒が戦死した。そのなかの一人が同期生の及川健児（仙台出身）であった。

柴田少佐は私たち生徒のところに悄然とした表情でやって来られ、こう語られた。

「俺はいま、及川の父さんに及川の遺骨をお渡ししてきた。俺は何とあいさつしていいかわからなかった。俺が言えたのは『お宅のおぼっちゃまを死なせてしまい、誠に申しわけありませんでした』――これしか言えなかった。息子を失った親の気持ちにもっとふれる言葉があると思うのだが俺にはそれがわからなかった。俺は部隊に戻れば大隊長だ。馬上で指揮をとる階級だ。しかし人間としてはまったく未熟だとつくづく思った」

陸幼の師弟関係は person-to-person の関係が主軸になっていた。

なぜ階級より人間なのか。なぜ role（役割）より person（人柄）なのか。それは、いざというときに号令や命令を出しても部下はそう簡単に動かないからである。人間だれでも命は惜しい。死にたくはない。死にたくはないが、「あの人と一緒なら死んでもよい」と思うことはある。そこでリーダー役を務める人間は役割で指導せず（power でなく）、自分という人間を開示して（personality で）部下と人生を共有できるのでなければだめだ。そんな考えがあったと思われる。

なぜ階級より人間なのか。第二の理由として考えられるのが、ヨーロッパの自由主義・個人尊重主義が陸幼教育の底流にあったからではないかと思われる。

それは、明治三十年前後の陸幼設立のころはフランス語の教科書が使われていたこと。その後、終戦（一九四五年）まで、陸幼では外国語（英・独・仏・露のいずれか）を必修科目としていたこと。そして音楽の授業では、外国の国歌を聞く・歌うという体験があったこと。そのとき指導教官の福井直秋先生（武蔵野音楽学校初代校長）は生徒を起立させ、外国の国歌への敬意を躾けられたそうである。

以上の事柄から推論して、陸幼は当時の日本のなかではきわめてヒューマニスティックな教育をしていたと思われる。

では、この人間として自他を遇する態度をどのようにして育てていたか。いくつかある。

(1) 生徒監の自己開示

あるとき（昭和二十年初夏）、アメリカのルーズベルト大統領が亡くなったとの報道にふれ、生徒たちが拍手したことがあった。生徒監はすぐにこう諭した。

「君たち、敵の大将が亡くなったといって喜ぶのは武士ではない。交戦中であっても哀悼の意を表するのが武士である」

あるとき、行軍中に水筒の水を飲んでもよいかと質問した生徒がいた。生徒監はこう諭した。「この水筒の水は自分が飲むためのものではない。戦陣に倒れて水を求めている敵の一般市民に与える水だ。俺たちは敵の兵隊とは戦争しているが、一般市民は君たちのおやじ・おふくろと同じなんだ」

私は教育者の自己開示はきわめて教育的に意義があると思っている。私が受身的でなく能動的なカウンセリングに関心があるのは、陸幼でのこうした見聞に由来しているように思う。

(2) 一人一人を見る

人を見るとは愛でることである。人を愛することは、その人を見る（関心を示す）ことである。

毎朝の点呼がその例であった。あるとき、点呼担当の週番士官が巡視中に私の前で立ち止まった。「顔色がよくないようだが、課業後医務室に行ってこい」と声をかけてもらった。実はホームシックのために元気がなかった。それを見破るほどに一人一人を観察していると知って「自分たちは大事にされている」と思った。十把ひとからげの教育ではなかった。

(3) 「さん」づけ

陸幼では上級生を○○さんと呼び、自分のことを私と言った。「國分生徒は……」とか

「自分は……であります」といった表現法は用いない。それゆえ、矢沢大尉は「柴田少佐殿！」でなく「柴田さん！」と呼びかけていた。日本では同僚や後輩にも「○○先生」と呼びかける慣習がある。これは役割への呼びかけであり、人としてのふれあいの乏しい関係である。構成的グループエンカウンター（SGE）は「さん」づけの文化である。

以上のような「人間として」のフレームにふれた私は、後年、実存主義的カウンセリングに共感を覚えるようになった。

2 アイデンティティの教育

陸幼教育に私が魅せられた第二の事柄は、自分は何者であるかの自覚（アイデンティティ）の教育を大事にしていたことである。まず例をあげてから説明したい。

入校後、最初の外出の朝のこと。学校から西八王子の駅まで徒歩だとけっこうな距離がある。やっと駅に近づいたとき、先方から戻ってくる生徒がいる。理由を聞くと、駅の前に上級生がいて、こう諭されたという。「将校生徒が裏道をこそこそ速足で歩いてはならない。本通りを正々堂々と歩いて来い！」と。

陸幼生徒のアイデンティティは将校生徒である。アイデンティティ（identity）とは、人が私に何を期待しているかを自覚し、そのために自分はどんな権限と責任があるかを意識して言動を選ぶという生き方の基本方針のことである。これが定まっていないと、言うことすることに一貫性が出てこない。言動を選ぶときに迷いが生じる。

教師やナース、ソーシャルワーカーなど人をヘルプするプロフェッショナルには、特にアイデンティティが必要である。これがはっきり自覚されていないから、子どもに迎合して葬式ごっこをする教師や、沈没した船からイの一番に脱出する船長が出てくる。私はそう思う。

そこで、陸幼ではどのようにしてアイデンティティ教育をしたか。

おもなものが三つある。

(1)生徒に敬意を表する

人は他者からの評価を自分の中に取り入れてアイデンティティをつくる。

私の母は玄関に入るとき、まず息子を先に入れ、自分はそのあとから入っていた。息子としてそのつど、「俺はこの家の大事な子どもである」と自覚する。それと同じ原理で、陸幼では期末考査でカンニング予防の試験監督はなかった。「俺はカンニングなどしない人間であると思われている。つまり俺は将校生徒として遇されている」――そういう体験が三年間続くと自らアイデンティティが定まる。

その例が東幼（東京陸軍幼年学校）四十六期の原三郎さんである。原さんが台湾の実家に帰省する途中、乗船していた高千穂丸がアメリカの魚雷で沈没した。原さんは民間人を救命ボートにあげ、自分は海面にとどまった。そして亡くなった。陸幼一年生だった。

(2) 容姿・姿勢・服装に配慮する

陸幼の廊下には大きな鏡があった。自分の顔つきや服装を点検するためである。貸与される軍服には先輩の名が記されている。上級生から私へ、私から下級生へと申し送りのようなものである。自分もみんなと同じ将校生徒なのだとの思いが高まるしきたりであった。

「電車のドアにもたれるな、教室の壁にもたれるな」との躾もあった。部下に依存される人間がものにもたれかかっている図は、見ただけでも依存の対象にならないという理由だった。「暑いときに暑そうな顔をするな。涼しそうな顔をしろ」。つまり武士は食わねど……の躾であった。指導者が凛としていないとグループはだらけてしまう。山本五十六は南方戦線でも半袖の略服でなく、正規の軍服を着用して特攻隊を見送ったと聞く。

(3)食事の作法

食事の際は、僧侶と同じように音を立てずに食するという躾があった。こういう日常生活のルールは上級生が模倣の対象になってくれた。

僧侶と違うところは、談笑しながら食事をとることであった。テーブル一つに、一年生、二年生、三年生が混合同席する。このグループはときどき入れ替えがあり、多様な人物と接して、自分のアイデンティティを育てていくという発想のようであった。

私は大学出の予備士官の方と同席したことがある。ジェントルマンの見本のような方であった。こういう軍人になりたいなあと十四歳ながらに憧れたものだった。

ご飯はいわゆる「どんぶり飯」ではなく、家庭と同じように、おひつから一人一人の容器にご飯をよそう方式であった。十把ひとからげではない。

先輩が食べ終わるのを見届けて一年生はお茶をつぐ、お茶を飲み終えた上級生は席を立つ。その瞬間、下級生は箸をおろす。ときに「そのまま！」と言いつつ席を立つ方もおられた。箸を休めるに及ばずという意味である。殴られる恐怖はないが気の張る食事であった。しかしこれがやがてリーダーとなったとき、配慮のある人間関係マネジメントの役に立つ。

以上のアイデンティティ教育にふれた私は、心理療法家のアイデンティティとカウンセラーのアイデンティティ、さらに教育に特化したガイダンスカウンセラー、教育カウンセラー、学校心理士、学校カウンセラーなど、それぞれのアイデンティティの中身（権限と責任）を明確にすることに強い関心がある。

これがはっきりしないがゆえに、日本のスクールカウンセリング事業は、お金のかかる割には結果が少ない。私はそう思っている。

3　孝心を養う

陸幼では「忠君愛国」「鬼畜米英」といった当時のスローガンはなかった。その典型例が入校式での教頭の訓辞であった。その要旨は「孝心を養え」であった。

「私は陸幼の教頭である。それゆえ陸幼とはどんな学校かよく知っている。ところが息子を名古屋陸軍幼年学校（名幼という。私は東幼）に入れた夕方帰りの汽車の中で、いまごろあいつはどんな思いで何をしているだろうと案じていた。諸君！　これが親というものだ。親は子どもが元気かどうかいつも心配するものだ。そこで諸君！　ひまをみてハガキでよいからひとこと元気だと親に伝えてほしい」

陸幼には親を想う行事や配慮が豊かであった。毎朝、遥拝場で皇居に向かって一礼してから軍人勅諭を朗読するのだが、その後必ず先祖の墓の方向に一礼、次に両親の居住地の方向に一礼、という慣習があった。

また月に一度、その月に生まれた者は食堂の一隅に用意された特別席で、学校の幹部と会食するという行事があった。ある生徒監はこんな祝辞を述べた。

「君たちは家が恋しいだろう。その恋しさを忘れるなよ。大人になるにつれ、親のことを忘れがちになるからだ」

ある生徒監は校外演習で旅館に生徒たちを宿泊させたとき、ある生徒に、「君の実家はここからふた駅先だ。今夜はおやじ、おふくろと過ごしてこい。明朝帰ってくればよい」と計らった。そういうやさしさが陸幼にはあった。

私が帰省するときには、生徒監（柴田少佐）が親宛に手紙を書き私に託した。「大事な子どもさんを預かっているのに、大したお世話もできず……」というていねいな手紙であった。

なぜ陸幼は孝心を育てようとしたのか。私の解釈はこうなる。リーダーはメンバーを慈しむ能力が必要である。親に慈しまれた人間は親のやさしさを取り入れて自分もやさしくなれる。それゆえ、折あるごとに親の慈しみを想起し、親心を自分も見習うのだ。そう考えていたと思われる。

さらにこうなる。メンバー（部下や生徒）は、たとえ上司から見ればしょうもない人間であっても、親の側に立てばかわいい子どもだ。そう考えられるリーダーになってほしい。そういう思いもあったと思われる。

さらにこうも解釈できる。親は人生で最初に出会う他者である。それゆえ親を懐かしむとは、人生に好意的・肯定的になることである。親を憎む人は人生を憎みがちになる。それゆえリーダーのメンタルヘルスのためにも、親とのポジティブな関係を保つことは有用である。

私が吉本伊信の内観法を簡便化して学校教育に導入したいと思うのは、孝心を育てる陸幼体験が遠因となっている。

さて、陸幼教育のなかでその後の私に影響を与えたのは以上三つの概念であるが、最後に敗戦時の陸幼についてもふれておきたい。

4　変動のなかの不変

昭和二十年八月十五日、「正規の軍装で集合！」との命令が出た。いよいよ死ぬときが来た。私は新しい下着に替えた。それは帰省時に母が洗濯したものであった。心の中で「さよなら」とつぶやいた。

ところが敗戦のラジオ放送であった。私は瞬間、「全員、切腹！」と号令がかかると思った。白虎隊を連想したからである。そのとき年配の生徒監、後藤富士雄少佐が「そのままカイサーン」と号令をかけられた。生徒たちは三々五々生徒舎に戻った。クラス担任の柴田少佐は落ち着いておられた。

「俺たち将校は何らかの刑を受けるかもしれないが、君たちは任官していないから心配することはない。遠方の者から家に戻るようにする。後始末は俺がする」と今後の方針を示された。

こういうクライシス（どうしてよいかわからないとき）の場合は、間髪を入れず指示することである。「しばらく様子を見よう」「目下調査中」といった姿勢は、メンバーの不安を高め、脱走や反逆、自決などの誘因になることがある。

私はこれまでグループや組織のヘッドを務めることが多かったが、即断したほうがよいか、様子を見たほうがよいかの判断には頭を使った。そして、朝令暮改の指示にならないようにした。

敗戦になっても陸幼の日常生活に混乱はなかった。生徒監は「生徒を親元に無事戻れるようにする」の一点に集中しておられる様子であった。「勇怯の差は小なり、責任感の差は大なり」という私ども生徒への教訓をデモンストレートしておられた。それはこんな訓話である。

「弾が飛んで来ると怖いものだ。小隊長も中隊長も震えるものだ。自分は小隊長だから震えてはならないと思ってはならない。震える自分を情けなく思うな。大事なことは、震えながらでよいから自分のなすべきことをするのだ」

アメリカが日本に上陸すると、正規の将校はどういう処遇を受けるか。そういう不安のなかで生徒監は、「生徒たちを復員させる責務」に専念しておられた。ほかの教職員もその路線であった。「にわか文化人」「にわか評論家」に転ずる人はいなかった。

時代が変動しても陸幼教育は不変であった。

それはたぶん、陸幼教育には時代や文化に縛られない自由と独自性があったからではないか。陸幼教育は敗戦によって崩壊することはなかった。その後七十年以上たっても本稿を介して生きている。

stage Ⅱ　青年期

「満を持して放たず」の心意気

1948 ～ 1958 年（17 ～ 28 歳）

第3章　教育・学問・生活の方向づけ――茗渓の九年間

東京高等師範学校・東京教育大学

東京高等師範学校（東京高師）、そこから分離昇格した東京文理科大学（東京文理大）、両校と他二校が統合して、一九四九年、東京教育大学（東教大）となり、一九七三年、筑波大学の創立とともに、同学に引き継がれた。同大学の同窓会を茗渓会という。

私は東京高師、東京教育大、同大学院に通算九年間（一九四八〜一九五七年）在学していた。当時の私は若年寄でかわいげのない人間であった。しかしいまとなれば、その後の若々しいキャリア人生の起爆剤になる時代であった。

本章では、茗渓時代に後年の私の主たる起爆剤になった出来事や機会の骨子を現在のフレームで吟味したい。

1　東京高等師範学校時代――伝えたい二つの体験

(1) 人好きの教育者であれ

師範学校（教職専門の学校）の最終期の学生として私が伝えたい体験は二つある。一つは、東京高師の最初の授業で、石山脩平教授（教育学）がプラトンを引用して述べられた言葉にある。「教育者というのは学問好きで、かつ人間好きでなければならぬ。学者というのは学問好きでありさえすればなれる。それゆえ教育者は学者よりもなるのがむずかしいのだ」

それゆえ私の教え子（社会人大学院）で、クラスメートが大学教授になるや「先生」と呼ぶ者がいると、私はむきになって「『さん』づけにしろ！」と叱ることがある。小学校教諭は大学教授よりも身分が低いと思ってはならない。同様に、私はこう言うこともある。「臨床心理士は心の専門家だと豪語する人がいる。教諭も、刑事も、小説家も、僧侶も心の専門家である。自己卑下するな！」と。私が教育カウンセラーについて話すときも「学問好きで人間好きの教育のプロフェッショナルは……」という思いを込めている。学問好きの教育者を育てるには、教育者の「興味」と「必要性」に応える学問分野を提示することである（例：『新版 教育カウンセラー標準テキスト 初・中・上級編』全三巻 図書文化）。教育者の興味を引く学問（知識体系）とは、教育者にとって快の刺激になる学問という意味である。例えば、

①問題状況の解決に役立つ（例：SGEやQ－Uで学級が立ち直った）

②心の葛藤や迷いが減少する（例：特別支援教育を学び、無力感が減少した）

③意味づけが変わり他者や人生に寛容になる（例：精神分析を学んだおかげで、子どもに捨てられたのではなく、子どもを自主独立させたのだと解釈できるようになった）

などがそれである。人好きの教育者とは、自己受容（自己嫌悪が少ないの意）の高い人柄のことである。自己受容と他者受容とは相関がある。自己受容に効果的な体験として構成的グループエンカウンター（SGE：Structured Group Encounter）を、私ども日本教育カウンセラー協会（JECA）は推奨してきた。

⑵プロフェッショナル教育には「定食型授業」を

東京高師で示唆を受けたもう一つは、小学校のように時間割があり、同じクラスメートが四年間一緒に同じ教科を学ぶというシステムである。履修科目は回転寿司方式（選択制）で

はなく、会席料理方式（定食型）である。

私は東京教育大で選択制の教職課程を体験し、師範学校方式のほうがプロフェッショナル教育には効果があるのではないかと思うようになった。例えば、高校で生物学を選択しなかった生徒が医学生になって自他ともに困惑する、日本史のレディネスの乏しいまま伝統文化学科や国文科に入学して閉口したという話がそれである。

定食型の高師では、質の高い授業が次々と並んでいた。それゆえ教育カウンセラー養成のカリキュラムも comprehensive（幅広く、定食型）に用意した。ただし研究会は選択制である。教師用の学問は専門家用のそれよりも質が低いと思っている人がいるがそんなことはない。例えば、精神科医が学ぶ心理療法としての精神分析と、教育者が学ぶ教育指導法としての精神分析とは内容が違う。現場の役に立つか立たないかであり、質の上下ではない。

2　東京教育大学時代——教育学への物足りなさが原動力に

教育者になるのなら、実験心理学志向の心理学科よりも人間探究志向の教育学のほうが面白くて役に立つであろう。そんなイメージで東京高師から東京教育大学教育学科に進んだ。

ところが私にとって教育学は心躍るものではなかった。しかしそれが私にプラスに働いたと思っている。なぜ、心躍るものではなかったか。教育の現場で役に立ちそうにもなかったからである。ヘルバルトやルソーなどより、フロイドやニイルのほうが、子どもに対応するスキルをもっているように私には思えたからである。私はそのことをある教授に語った。しかし返ってきた返事は、「学問というものは役に立つ立たないではない。ひたすらに勉強したまえ」という断定的な答えであった。私は教授の研究室を辞して廊下に出た瞬間、「やっぱり、役に立つことを学びたいなあ」と自分に語りかけた。

数年後、別の教授にこうアドバイスされた。「君は国立大学の学生だから、民間学者の研究をしないで、国立大学の学問をしたまえ」と。これは私の研究心を刺激した。国立大学の学問とは何か。学問に国立と民間があるのか。私の理解では「国立の学問とはアカデミックな学問で、民間人の学問はハウツー志向だ。アカデミックな学問のほうが、ハウツーより上等だ」と、その教授は言っているように思えた。「学問は役に立つ立たないではない」「学問するなら国立大学の学問をせよ」――この二つの助言が、私が「面白くためになる学問」「面白くてためになる教育学」を志すきっかけになった。私には次の二つの考えが出てきた。

(1)思想・理論・技法の三位一体の教育学の模索

ハウツー（方法）をもたない思想志向の学問をしていると、教育評論家にはなれるかもしれないが、教育者にはなれないのではないか。思想・理論・技法の三位一体の教育学というものはないものか。私がいま、かかわっているガイダンスカウンセリング、教育カウンセリングはその一例である。

当時の教育学は記述的（descriptive）であったように思われる。「英国は十八世紀にはこうだったが十九世紀にはこうなった。フランスでは……」といったぐあいに、事実の列挙志向であった。事実の列挙より、概念化や理論化を軸にするほうが、今日の教育を考えるのに役立つのではないか。本を読めばわかることを語るよりも、本を読むのに必要な概念、本を読みたくなるような問題提起のある学問であってほしい。そんな願望があった。

(2)実証研究を取り入れた教育学を

さらにこんなことを考えた。心理学の人たちはどうも教育学を低くみているのではないか。それはたぶん、教育学の人々は実証もせずに議論ばかりしているからではないか。たしかに教育学の人たちの論文は論評ふうであった。文献研究志向であった。アメリカの教育学は行動科学志向であるが、日本のそれは人文科学ふうであった。

そこで実証研究を取り入れた教育学の一例が、ガイダンスカウンセリング、教育カウンセリングである。この実証性（リサーチ志向）は、実証科学としての心理学の導入による。すなわち教育学と心理学のコラボレーションの結実がカウンセリング心理学であり、その教育実践版がガイダンスカウンセリング、教育カウンセリングである。

若き日の茗渓での腑に落ちない思いが、いまのキャリア人生の原動力になっていった。

3 教育実習――挫折と教育分析

私は教育者をめざして東京高師や東京教育大の教育学を選んだのに、いよいよ最終段階の教育実習で「生徒にもてない教師」である自分に気づいた。

教育実習の最終日になっても、別れを惜しむ生徒が一人もいない。花束はもちろん寄せ書きをくれるふうもなく、「また会いたい」と言ってくれる生徒もいなかった。なぜ俺はもてないのか。たしかに私自身がこの生徒たちと別れを惜しむほどに燃えている教師ではなかった。なぜだろう。私の性格の何が問題なのか。

これが機縁で私は精神分析を受ける気持ちになった。大学院に入ってまもなく、霜田静志先生に週一回ずつ半年ほど教育分析を受けたのである。そして初めて、自分が生徒にもてない理由、生徒に情愛がわかない理由がわかったのである。私が「若年寄」だったからである。

若年寄とは、品行方正・学術優等以外には何の取りえもない人間のことである。霜田教授の表現では「隣のおばさんにほめられる青年に、ろくな奴はいない。あの子は無軌道で困ったものだと隣のおばさんに評されるのが、青年というものだ」となる。交流分析でいうと、子ども心を出せない自分に気づいた。自分の子ども心を許容できるから、相手の子ども心も許容できる。そしてふれあいが生じてくる。

したがって私はその後、歳を重ねるごとに心が若くなっていった。私はそういう体験から、プロフェッショナル教育者は教育分析を受け、自分の性格傾向に気づくことの必要性を唱えるようになった。性格改造という面倒な努力をするのではない。言動の偏向（パターン）に気づくと、その偏向をコントロールしやすくなるという理由である。

その教育分析の手ごろで有効な方法がＳＧＥである。個人面接法の教育分析よりもＳＧＥのほうが教育者の世界には普及しやすいと思われる。エクササイズの使い方で抵抗を予防しやすく、洞察の機会が多いからである。

4 修士課程——教育研究法へのなじみ不足

大学院修士課程は通常二年間で課程を終えるが、私は四年かかった。それは途中で結婚というイベントが入ったこともあるが、もっと大きな理由は、論文を書く要領がわからず試行錯誤したからである。

私は教育学を専攻しつつ、社会科の教員免許状を取得したくて、財政学（大内力）、経済学（美濃部亮吉）、米国史（中屋健一）など多様な授業を受けていた。ところが、米国史の期末レポートの評価はＤ（落第点）であった。レポートの表紙に筆力のある大きな字で、「論文の寄せ集めは論文に非ず」とあった。

私は論文の寄せ集め（文献研究）の論文が合格するにはどうすればよいかわからなかった。これが教授になってからも論文指導に関心が続き、『カウンセリング・リサーチ入門——調査・研究の方法』（一九九三年、誠信書房）を著作した動機となった。

世の中には学識はあるのに論文が書けない人がいる。学生の論文には厳しい注文をつけるが、クレームをつけられた学生は困り果て、「私は結局どうすればよいのでしょうか」と悲鳴をあげる。私の推論では、これは院生時代の私と同じような状況に、その教授がいるからではないかと思う。

不思議なことに、私の大学院時代は教育学研究法という科目はなかった。研究の手順、原理、技法などの指導（講義）である。カウンセリング研究法は、事例研究法、実態調査（サーベイ）、フィールドスタディ、実験的フィールドスタディなど多様になる。仮説のない研究、仮説を発見・提示する研究、仮説を実証する研究など複数型ある。こういうことは試行錯誤せず、人から教わったほうが効率的である。

教育学者は研究法にふれていない人が圧倒的に多いので、論文のつもりがエッセイか航海日誌か檄文ふうになりがちである。そこで私は研究（リサーチ）になじむため、教育者の研究団体として「日本教育カウンセリング学会」を立ち上げ、その発起人を務めた。「教育者はリサーチの心得もある実践家（practitioner-scientist）であれ」との願望は、私の修士課程体験の所産である。

ところで、論文の寄せ集め（文献研究、ライブラリー・スタディ）でも評価がＤにならない場合がある。

①これまでまだ取り上げられていない問題（テーマ、トピック）や方法の指摘（母集団の吟

味、質問紙の作成法、統計推理の仕方など)
②過去の研究を総括して新しい概念・理論または仮説の提示
③問題解決の方法を過去の研究から考案
④ある事象への解釈・説明の修正を提唱する根拠としての文献研究
などが考えられる。

5 キャリア人生を育てる私生活

修士課程修了に四年を費やした甲斐は十分にあった。「リサーチへの関心」と「結婚によるキャリア展開」で、その後のプロフェッショナル人生が豊かになったという意味である。

私は無職の院生のとき結婚した。妻は学部を卒業したばかりであったが、病院のソーシャルワーカーをして、私の生活を支えてくれた。

妻の指導教授は上京するたびに妻に声をかけ、食事に誘ってくださった。ひまな私は妻について行くのが常だった。あるとき、その指導教授が「関西学院大学の助手になれ」と私にチャンスをくださった。この竹内愛二教授が、やがて私ども夫婦にアメリカ留学の機会をつくってくださった。そうでなければ私には大学人の道は拓けなかった。人生は縁である。クランボルツの Planned Happenstance Theory のとおりである。私の意訳では「志あるところに縁（運）来たるというキャリア理論」、それがクランボルツ理論である。クランボルツは私の指導教授、ウイリアム・ファーカーの共同研究者（ミネソタ大学時代）である。

当時の私の志はアメリカに留学することであった。修士課程修了に四年もかかる鈍才を、東京教育大の博士課程は歓迎しなかったからである。私はアメリカで名誉挽回したかった。

6　日本初のガイダンス専攻で示唆を得たこと

私の知るかぎり、日本の大学院で最初にガイダンス専攻を設定したのは東京教育大である（一九五三年）。正式名称は教育学研究科生活指導専攻と称し、全部で十専攻あるうちの一つであった。各専攻一名ずつ、計十人が第一期生となった。生活指導専攻の担当は井坂行男助教授（東京高師、東京文理大卒）である。

⑴今日の新ガイダンス運動の萌芽

この専攻で私が示唆を得て、今日も生かしていることを以下にあげる。

一つは、学校現場ではガイダンスは教育相談室、進路相談室、生徒指導室など別々に運営されていたが、それを一つにしたものがガイダンスであるという概念で創設されたこと。ガイダンスの方法の一つであるカウンセリングも、当時はロジャーズ理論が日本では注目されはじめていたが、東京教育大のガイダンス専攻では、ロジャーズ、ウイリアムソン、ソーンなどが公平に取り上げられ、学派偏向がなかったこと。ひとことで言えば comprehensive（幅広い）であった。

井坂研究室からの第二の示唆は、ガイダンス全般を支える学問として心理学を導入したことである。いまの私のフレームでは教育学と心理学の統合が「新しいガイダンス」である。これをガイダンスカウンセリング、あるいは教育カウンセリング、あるいはスクールカウンセリングという。今日の新ガイダンス運動（ガイダンスカウンセリングを普及定着させる一般社団法人の設立。二〇一五年）の萌芽があったと言いたいのである。

さて、東京教育大のガイダンス専攻に導入された心理学とは、ディルタイの「了解心理学 verstehende psychologie」であった。科学的心理学（測定された数量的資料に基づいて説明する実証的心理学の意）に対峙するディルタイの心理学は、測定になじまない人間の内的世界（行動の目的や意味）の了解を提唱するものであった。シュプランガーの精神科学的心理学や、ヤスパースの了解心理学と同系列の心理学である。当時（一九五二年）はアメリカでも、まだガイダンスと心理学はドッキングしていなかった。

今日のガイダンスでは、カウンセリング心理学がディルタイの心理学にとってかわっている。カウンセリング心理学は、数量的・実証的研究（客観的測定）も共感的・体験的理解（現象学的研究）も含む、comprehensive な心理学である。

(2) カウンセリング心理学の受け入れ体制づくり

世間の周知度がどのくらいかわからないが、二〇一八年のいま、日本にはカウンセリング心理学専攻大学院はない。またカウンセリング心理学の学会もない。にもかかわらず、カウンセリング界にカウンセリング心理学の名が普及し、スクールカウンセリング関係の団体七つが協議会を設立するとき、カウンセリング心理学を共有の基盤とすることに抵抗なく同意したのはなぜか。私の推論では、二つの事柄がカウンセリング心理学の受け入れ体制をつくっていたのではないかと思われる。

一つは井坂研究室の輩出、中澤次郎（筑波大学教授、東京文理大卒）が、一九六〇年代後半から一九七〇年代後半におよぶ十数年にわたり、カウンセリング心理学のリーダーをアメリカから毎年学会に招いたことをあげたい。L・ブラマー、R・カーカフ、C・ムスターカス、A・エリス、W・ジョンソン、N・ケーガン、J・クランボルツ、A・アイビイなど。日本学生相談学会、日本カウンセリング学会の共催の講演会・ワークショップで、全国の多くの学会員がカウンセリング心理学の実態にふれた。研究大会後、これらアメリカ人教授の提唱に関する著作や翻訳が次々と出版され、多くが版を重ねた。そして全国に伝播された。

カウンセリング心理学の土壌が育ったもう一つの出来事は、大学院にカウンセリング専攻が設立されたことである。筑波大学大塚キャンパスに社会人大学院として一九八九年に創設された。ここの修了生が学会で次々と研究発表し、教育委員会や学校の管理職の人たちは、現場でカウンセリングを応用したマネジメントを展開してくれた。教育カウンセラーやガイダンスカウンセラーの育成にも参加してもらった。短期間のうちに臨床心理学とは異なるカウンセリング心理学のイメージが全国に普及したと思われる。

東京教育大のガイダンス専攻が取り残したものは統計処理法を含む実証的研究法であったが、日本教育カウンセリング学会をはじめとするカウンセリング関係諸学会が実現している。

第４章　鳴かず飛ばずの時代——メンターとの出会い

東京教育大学を出たものの定職はなく、妻の収入で生活していた時代（一九五〇年代）は、師匠・霜田静志教授とのご縁のおかげで、きわめて有意義な人生であった。

私がニイルを話題にしたとき、たまたま同席していた早稲田大学の学生、小山幸一郎さん（気仙沼出身）が、私を霜田先生に紹介してくれたのである。それが師匠とのご縁のおこりであった。私も妻も霜田先生の週一回の精神分析講座に通い、やがて教育分析を受け、原書講読のゼミ（ライヒ「性格分析」）にも参加した。その後、翻訳や執筆の仕事をいただき、最後には多摩美術大学の助教授への推挙を受けるなど、人生の底辺からの出発へのヘルプに恵まれた。そのプロセスで学んだことが四つある。これは、ぜひ若い人たちにもお伝えしたい。

1　うだつが上がらないときの心得

(1)「金は貯めようとするな。勉強に使え」

無収入の私は出かける電車賃にもビクビクするほど、つましい生活を送っていた。

そういうある日、「先生、お金って、なかなか貯まらないものですねぇ」と言ったところ、「國分君、金は貯めようとするな。勉強に使え。ある年齢になったらその金は返ってくる」と霜田先生に諭された。私の場合は五十歳ごろからボツボツ返ってくるようになった。アメリカの学会にしばしば出かけた時期もあるので、たしかに金は貯まらなかった。しかし自分の核となる知識はずいぶん豊かになった。

収入になることなら何でもしようという生活状況のなか、私がつぶやいたことがある。「好きなことをして収入になるといいんですけど……」

師匠はこうたしなめた。「若いうちから好きなことをしてメシを食うなんて、それは無理だよ。ある年齢になると、好きなことをしてメシが食えるようになるよ」

早くそうなってほしいと思ったが、私の場合は意外に早くその時がきた。アメリカ留学を終えて多摩美術大学に勤めた三十五歳以降が大体そうであった。私の好きなこととは、Teaching　Writing　Managing　であった。

(2)不遇なときには、「満を持して放たず」の心意気で

なかなか定職にありつけないので、空虚感（empty feeling）に取りつかれたことがある。無職というのはアイデンティティがないということである。社会にかかわっていく手だてがない。一人取り残された感じで元気が出ない。そんな私に師匠はこう教えた。

「僕が中学生のころ英語の教科書で知ったのだが、『人が地位を求めるのではなく、地位が人を求めてやってくるようになれ』ということだ。不遇なときには、満を持して放たずの精神で力を蓄えておくことだ」

このアドバイスは折にふれ私の支えになった。例えば、私の教え子は臨床心理士ではないために、スクールカウンセラーに採用されないという不遇が続いている。それゆえこの不遇のときに、「スクールカウンセラーをしてください」と地位が人を求めてくるようにしたい。

私は八十歳を過ぎても二十代のころの心意気をもっている。

無定職・無収入の私は、デートばかりで結婚のあてもなかった。メンター霜田はこう言っ

た。「國分君、そんなに好きな人がいるなら結婚しろ。ダラダラつき合っているうちに責任をとって結婚するようではだめだ。結婚というものは燃えているうちにするのがよい。金くらい僕が貸してやるよ」と。メンターはなかなか情熱的であった。目先だけのアドバイス（リップサービス）ではなく、具体的アクションを伴っていた。共感的理解や心理分析に終始しないヘルピングの実例にふれた思いであった。

教育者は、すまし顔・物知り顔の冷静なセラピストや大学教授風の立ち居振る舞いではなく、自己開示ができて、体も動くプロフェッショナルであってほしいと私は願う。

霜田先生はいつでも気前がよいというわけではなかった。私は教育分析を受ける料金（当時一回三百円くらい）が払えないことがあったが、この場合は気前よく無料とはおっしゃらない。世の中をわたるのに、「金がありませんので」「学力がありませんので」と言い訳をして人が許してくれるものではないという現実原則を教えねばならないからである。

「國分君、払う金がないなら、僕が翻訳の仕事をあげるから」との対応であった。教育分析がすむたびに「領収証」を私に渡し、「お金はもらったからね」とおっしゃる。私は教育分析の料金の代わりに翻訳文を差し出すわけである。おかげで、不遇だからといって情けない思い、みじめな恥はかかかない人生になった。

満を持して放たずの心意気で私が勉強したのは精神分析と英語だった。たしかにこの二つは、不遇の時代が去った関西学院大学に就職以降からキャリア人生の助けになった。

2　霜田・精神分析からの示唆

霜田先生は、ニイルの教育思想と実践を日本に紹介・導入するプロセスで精神分析の勉強を始め、教育分析を古沢平作（精神分析医、東北帝国大学助教授）から受けられた。日本精神分析学会の役員も務め、精神分析関係の著作も多かった。その霜田静志の説く精神分析に永年（二十三〜四十二歳）ふれた私は、次の三つの示唆を受けた。

⑴教育に役立つのは「トーク風」学問

一つは、教育に役立つ学問は、ヨコ文字をタテに直したものではだめだということであった。通訳ふうの学問ではなくトークふうの学問でないと役に立たないということである。

あるとき私が、「先生がニイルを日本に紹介して名を成されたように、私も偉い人を日本に紹介して、ひとかどの人間になりたい」と臆面もなく言ったことがある。師は語気強くこう反応された。「國分君、僕はニイルを通して自分を語ってきたのだ」と。

私は即座にこう理解した。語るべき自分をまずつくることだ、と。ニイルの思想と実践を自分の考えと体験で吟味し、結果を自分の言葉で表現する。これが実際の生活に役立つ学問である。俗にいう、こなれた知識、わかりやすい講義・著作とはそのことである。私の講演や著作を國分節と評する人がいるが、それは以上のメンター霜田の指導助言に起因している。

私は美術教育の論文を雑誌に書いたことがある。ヨコ文字をタテに直したものであった。それを霜田先生にお見せしようとしたが、「國分君、体験のないことを語ってもしょうがないよ」と軽くいなされた。いまの私も同じことを言っている。「君、エンカウンターに参加したこともないのに、エンカウンターを批判したってしょうがないよ」と。

要するに、教育カウンセリングを語るとは、自己を語ることである。それを教わった。

(2) 生き方を教える精神分析

霜田・精神分析から教わった二つ目のこと、それは「治す」と「育てる」の識別をするセンスであった。霜田先生がこの二つの言葉を発したというわけではない。傍らの私がこの二つの概念を感じ取ったのである。

ある会合で、順天堂大学の懸田克躬教授（精神分析医）が、「霜田先生の診断は確かであった。先生から回されてくる人々は間違いなく、医師が対象とする人ばかりである」と評されたことがある。また私の知人の悩み相談に応じた先生が、「國分君、せっかくの紹介だったけれど、僕はあとの面接は引き受けないことにしたよ」と告げられた。精神科医の領域の問題と判断されたようであった。

では「育てる精神分析」とは何か。人生問題を受けとめ、乗り越えていくのに役立つ精神分析である。人生問題とは何か。それを乗り越えるとは何か。ひとことで言えば、「生き方を教える精神分析」である。精神疾患を治療する精神分析ではなく、現実生活に対応する知恵になる精神分析である。

例えば、人間が成長するとは、ナーシシズムが崩れていくプロセスであると精神分析理論は考える。人生は思うとおりにならないことがある（万能感が壊される）。人に批判されることもある（プライドが傷つく）。人に無視されることもある（自己中心性が満たされない）。こういうつらさがあるから「大人」になれるのだ。それゆえ、こういう現実を甘受し、それをプラスに還元していこう。これが生き方の一例である。

精神分析理論はこういうぐあいに、生き方を示唆する知識体系であるというのが、私の理解する「育てる」精神分析である。

育てる精神分析の中心概念として霜田先生は「自由」を強調された。自由とは「心の中で囚われがない（Freedom）」と「外に向かって行動を起こすのにとまどいがない（Liberty）」の二つの総称である。その典型例が、霜田先生の場合はニイルのサマーヒル学園である。私の場合は構成的グループエンカウンター（SGE）といえる。

さて霜田・精神分析で得た「育てる」「生き方」という概念を、カウンセリング理論についても私は適用した。すなわち、ゲシュタルト療法のどこをどう使えば子どもの自由が促進できるか、生き方の示唆になるか、人生問題に対応する能力が育つかと考えるわけである。おもなカウンセリング理論八つについて、それぞれ考える。その結果が私の場合はSGE、サイコエジュケーション、シェアリング方式の授業・研究会の提唱となった。

(3) 精神分析の学習は必須

霜田先生から教わった精神分析で得た示唆の三つ目は、カウンセリング界のプロフェッショナルは、精神分析の学習を必須にしたほうがよいということである。理由は二つある。

一つは現存する主要なカウンセリング諸理論は、多かれ少なかれ、精神分析の影響を受けている。エリス（論理療法）、パールズ（ゲシュタルト療法）、バーン（交流分析）は精神分析出身である。ロジャーズ（自己理論）、アイゼンク（行動療法）、ムスターカス（実在主義）は精神分析に対峙して理論構築をした。特性・因子理論の一部（投影法）は、精神分析の応用である。こう考えると、精神分析のフレームを知っていると、他の諸理論も理解しやすくなり、それら諸理論を混乱しないように構成する大枠にもなる。

精神分析の学習を必須にしたほうがよい第二の理由は、アセスメントに不可欠の知識体系だからである。精神分析理論は個体内の問題だけでなく、グループ、宗教、芸術、社会事象についても推論（解釈）できる、守備範囲の広い理論である。とりあえずの仮説を立てるのに有用である。手をこまねいて動けないという状況から救ってくれる理論である。

3　心理学はカウンセリングの十分条件ではない

(1) 人生哲学での対応が求められるとき

ある女性が相談に来られてこう言った。「私の子どもは二十歳までしか生きられない病気です。そこで私はわがまま放題にしてあげようか、それとも普通の子どものようにきちんとしつけをすべきか迷っています」と。私はロジャーズふうに「受容」と「繰り返し」と時折の「明確化」で対応した。つまり、のらりくらりである。自分のこういう態度が嫌になった。そこで面接が済むやいなや霜田先生宅に相談に行った。「こういう場合、どうすればよいのですか」と聞くと、「國分君、こういう問題は心理学のなじまない問題だよ。人生哲学の問題だ。君の人生哲学で対応したらよいのだ」との答えであった。

私は帰路考えた。自分の人生哲学とはどんなものか。東京教育大学でキルケゴールやデューイやナトルプの哲学は教わった。しかし自分自身の哲学はない。そのことに気づいた。自分の哲学がないことを人のせいにして申しわけないと思うが、その一つの原因は、哲学の教授の教え方にあったように思う。

私の見聞したかぎり、日本の哲学の教授は、ある特定学派の忠実なスポークスマンであった。自分の哲学を語らなかった。それゆえ、私はある哲学者の哲学を覚えるだけにとどまっていた。そのことに気づいたのはアメリカに留学してからであった。

(2) 教師の自己開示が学生の人生哲学をつくる

アメリカの教授は「デューイはこう言っている。しかし、私はこう思う」といったぐあいに、デューイを介して自己を語る講義であった。それゆえ、学生も心の中で「しかし、私はこの教授のようには考えない」と自問自答するようになった。教師の自己開示は学生の人生哲学をつくるのに必要ではないか。これは私が教師の自己開示能力を養うためにSGEをすすめる理由にもなった。SGEは「I feel」「I think」の連続だからである。

「どういう人生哲学をもてばよいのですか」。私はこれが愚問だとわかる程度にはなっていた。それはニイルの「人が人に対して『あなたはこう生きるべきだ』と言えるものではない」という考えを知っていたという程度のことであった。

そこでいまの私は次のように考えている。人生哲学をつくるとは、「何が自分にとって意味のあることか。meaningfulか」「どうすることが目標達成に有用か。usefulか」の二点をフレームにして、そのつど覚悟を決めて言動を選択する姿勢を整えることである。

例えば、私にとって教育カウンセリングを提唱することは、これまでお世話になった方々への「おかげさまで……」という報恩感謝の報告という意味がある。いっぽうでは日本の学校教育の質の向上という目標達成に役立つ（useful）と思っている。

私は実在主義（meaningful）とプラグマティズム（useful）を基調にして、自分の人生哲学を構成した。

4 人を育てるひとこと——隠されたカリキュラム

(1)準備していない言葉が人を育てる

教育カウンセラーは、心理臨床家のように一回五十分の面接を重ねるのが本務ではない。グループアプローチやチーム支援のコーディネーションが主軸になる。それゆえ、個々の子どもとのやりとりは、短時間の非計画的なものが主となる。しかしこの非計画的対応が、子どもの人生にインパクトを与えるのである。

私が陸軍幼年学校の生徒のころ、自習時間に週番士官が巡回に来られた。週番生徒の私は「起立！」と号令をかけ、「総員何十名、自習中であります」と報告した。週番士官の矢沢大尉は私に近づき、小声で「こういう場合は、全員起立させる必要はない。君一人が起立して状況報告すればよいのだ。将来、君の号令一つで部下が死ぬことがあるのだから、号令には注意しろ」。この三十秒ほどの言葉を、その後グループや組織のリーダーを務めるときに、いつも思い出す。

講義のように準備していない言葉が人を育てる。そういう瞬間を「隠されたカリキュラム

hidden curriculum」という。これは非計画的に突発的に応ずる言葉であるから、ふだんの思考・感情・行動を整えておく必要がある。でないといわゆる「返す言葉が見つからない」状態になる。教育では正規のカリキュラム（教科カリキュラム、ガイダンスカリキュラム）のほかに、隠されたカリキュラムが不可欠である。

(2) 霜田先生から受けた「隠されたカリキュラム」

メンター霜田に師事した年月には、折にふれての偶発的指導が少なからずあった。その中で特記したい場面が三つある。

一つは、私が三十五歳でアメリカから帰国したとき「これからは自分の理論をつくりたい」とあいさつしたときのこと。「國分君、君の若さで自分の理論をつくろうとするな。まず君の先達が何を考え、何を成したかをつぶさに学ぶことだ」とのコメントが戻ってきた。

私はそのとおりだと思った。その結果が『カウンセリングの理論』（一九八〇年、誠信書房）という著作である。この本を書きながら心の中で「ロジャーズはそう言うけれど、僕は……」「行動療法の思想と実在主義の違いは……」と考えている自分に気づきだした。生意気な人というのは先達から学ばなかった人（ナーシシズムが減少しなかった人）ではないか、そんな気がする。

霜田先生の隠されたカリキュラムの第二の場面は、ご逝去の直前の言葉であった。面会謝絶の状況だったので、私は速達でお別れのあいさつ状を出した。たまたま覚醒された先生がご家族にメッセージを託してくださった。

「國分君は僕のおかげで今日の國分君になったのではない。僕を選んでついてくるという決断をした國分君自身のおかげだ」と。

「私が私の人生の主人公なのだ」。私はそう受け取って今日にいたっている。

最後にもう一つ。私が初めてクライエントに「先生」と言われた次の日、「おかげさまで私も先生と言われるようになりました」とあいさつした。「國分君、君が偉い人間だからではないよ。君の知識に敬意を表しているのであって、君の人格に頭を下げているのではない。これは大事なことだ。覚えておくとよい」

たまには私の人格に親愛の情を示し、「國分さん」と呼んでほしい。私は願望を込めて人には「さん」づけで声をかけるようにしている。霜田先生の弟子はお互いに「○○さん」である。

stage Ⅲ　壮年前期

アイデンティティ混乱期を経て カウンセリング・サイコロジストへ

1959～1966年（28～35歳）

第5章　ソーシャルワークとの出合い

関西学院大学

無給の鳴かず飛ばず時代（一九五三～一九五八年）から脱却できたのは、妻、久子の関西学院大学の学生時代の指導教授、竹内愛二博士が私を助手に採用してくださったおかげである。竹内教授は米国オベリン大学（学部・大学院）の卒業生である。それゆえ、指導方法が厳密かつ定義がクリアで、私のモデルになる大学人であった。

竹内教授のソーシャルワーク研究室での二年半の助手時代に、三つの中心概念を教わった。①プロフェッショナル（Professional）、②ジェネリック（Generic）、③ソーシャルワーク（Social Work）である。それぞれの概念がいまの私にどう生かされているかを語りたい。

1　プロフェッショナルであるための条件

一九五〇年代当時、日本では「プロフェッショナル」という概念を力説している大学人はいなかった。それゆえ私にとってこの言葉は、新しい時代を拓く響きのあるものであった。

関西学院大学のソーシャルワーク（Social Work）では、「施し（Charity）より友（Friend）へ」とのモットーが竹内教授によって提唱されていた。「ソーシャルワークは上からの目線の慈善であってはならない。ヨコ目線のヘルプがソーシャルワークである」という意味である。

そのヨコ目線のヘルプという姿勢を支えている意識が、「自分はプロフェッショナルである」というアイデンティティである。

したがって、「プロフェッショナル・ソーシャルワーカーの育成」が、私の助手としての任務であると思っていた。

プロフェッショナルであるための条件は何か。「一定の知識体系と技法体系を学習し、それを駆使し展開できること」。竹内教授の定義は明解であった。私はこの定義をいまも継承している。例えば、「教育カウンセラー、ガイダンスカウンセラーは、教育のプロフェッショナルである」というぐあいに。

では、プロフェッショナルと称するための不可欠条件としての知識体系と技法体系とはいかなるものか。竹内ソーシャルワークでは社会学（特に役割理論）と精神分析理論であった。

これを参考に、私自身はスクールカウンセラーをプロフェッショナルにするための必須の学問として、カウンセリング心理学を提唱してきた。しかし当時（一九五〇〜六〇年代）の日本には「カウンセリング心理学」という概念でカウンセリングを語る人は皆無であった。ロジャーズ理論の枠組みでカウンセリングを語る人が多かった。

私が「カウンセリング心理学」という言葉を知ったのはアメリカ留学中（一九六一〜一九六六年）であった。この言葉が普及しはじめたのはアメリカでも一九五七年以降である。

参考までに、「臨床心理学」という言葉は、一八九六年にアメリカのウィットマー（Lightner Witmer）が提唱している。

関西学院大学とミシガン州立大学でソーシャルワークにふれたおかげで、いまもスクールカウンセラーのプロフェッショナル教育にソーシャルワークから示唆を得ていることがいくつかある。

(1) カウンセリングの守備範囲

カウンセリングは、個別面接志向の時代が長かった。フロイドやロジャーズに傾倒する人が多かったことが原因と思われる。ところがソーシャルワークでは、①ケースワーク（個別）、②グループワーク、③コミュニティオーガニゼーション（地域）、④ソーシャルアクション（社会活動）など視野が幅広い。

カウンセリングがグループアプローチにまで守備範囲が広がってきたのは、一九七〇年前後以降である。コミュニティや社会活動については実践・研究者はまだ少ない。遅ればせながらガイダンスカウンセリング運動がその先陣を切ろうとしている。

(2) 実践的な授業

ソーシャルワークは授業の仕方が実践的である。多種多様な事例を教材として、毎授業時、討議方式の事例研究をする。討議の内容はアセスメント（測定評価）、ストラテジー（対応計画）、インターベンション（介入）にわたる。

これに示唆を得て日本教育カウンセラー協会（ＪＥＣＡ）では、「シェアリング方式スーパービジョン」と銘打って、片野智治らがピアグループを用いた事例研究会を実施している。

(3) まず実習ありき

アメリカのソーシャルワーク教育における座学と実習の時間配分は半々であった。日本のカウンセリング教育ではロールプレイで面接技法を訓練してから実習に入るが、アメリカのソーシャルワークは最初から現場で実習とスーパービジョンを行う方式が多かった。JECAの構成的グループエンカウンター（SGE）リーダー養成と同じ発想である。下手でもよいからまず人前でSGEを行い、参加者の反応を聞き、指導者のコメント（スーパービジョン）を参考に自分で工夫する方式をとっている。

2 フレームとなる概念「ジェネリック（Generic 共通基盤）」

竹内愛二教授から教わり、いまも私のフレームになっている概念がジェネリックである。ソーシャルワークにはいくつもの各論分野があるが、それらの共通基盤（通用性）をジェネリックソーシャルワーク（S．W．）という。School S.W. Family S.W. Medical S.W.（医療S．W．）Psychiatric S.W.（精神医学的S．W．）など、ソーシャルワークの各論分野が共有する基礎的理念と基礎的概念を、竹内教授は強調しておられた。

このソーシャルワークの核を Generic Social Work という。ジェネリックソーシャルワークの基礎理念が「施しより友へ！」であり「プロフェッショナルソーシャルワーク」である。基礎的概念とは「具体的サービス（リップサービスではないの意）」である。

ある卒業生が「おかげさまでサイコセラピーを頼まれるほどになりました」とあいさつすると、「サイコセラピストはソーシャルワーカーより偉いのか」と竹内教授は返された。

竹内教授がジェネリックソーシャルワークと言われるときは、「サイコセラピーやカウンセリングとは異なるソーシャルワークの特色」を主張したときであった。ということは、私の精神分析やロジャーズ理論に関する知識に揺さぶりをかけられたということである。

私は自分が何になりたいのか、わけがわからなくなった。サイコアナリストか、カウンセラーか、やがてはソーシャルワークの教授になりたいのか。アイデンティティの混乱に陥ってしまったのである。いまとなればこの体験が、私のプロフェッショナル・アイデンティティ確立の原動力となった。

私のプロフェッショナル・アイデンティティは、アメリカ留学中に「カウンセリング・サイコロジスト」というところに落ち着いたが、竹内教授の「ジェネリック」という概念が、私に影響を与え、機能している分野が二つある。

(1)カウンセリング

カウンセリングの分野でもソーシャルワークと同じように各論の分野がある。学校カウンセリング、産業カウンセリング、キャリアカウンセリング（進路指導・キャリア教育）、メンタルヘルスカウンセリング、クライシスカウンセリング（危機介入）など。私は各論の分野に共通する理念と概念を研究するジェネリックカウンセリングを、アメリカの大学院で専攻した。日本に帰国後も、それを教授するキャリア人生を選んだ。

カウンセリングにおけるジェネリックとは何か。基本理念としては「人間の成長発達Development」と「人間のあり方 The way of being」を、基礎的概念としては「ヘルピング（支援）」「シェアリング（ふれあいのある対話）」「自己決定 Choosing」をあげたい。

(2)構成的グループエンカウンター（SGE）

いまの私に竹内教授の「ジェネリック」が影響を与えている第二の分野、それは構成的グループエンカウンター（SGE）である。

日本全国の教育委員会が教員研修にSGEを取り入れるほどに、SGEの研究・実践がさかんになってきた。そこで生じた現象は、SGEの各論の分野が自然発生したことである。

例えば「学級づくりのＳＧＥ」「キャリア教育のＳＧＥ」「教育分析としてのＳＧＥ」「リーダー養成のＳＧＥ」「保護者会のＳＧＥ」といったぐあいにである。

そこでジェネリックソーシャルワークと同じ理由で、ジェネリックＳＧＥという概念を用いることにした。ＳＧＥの各論的分野（Specific SGE）に共通する理念と概念は何か。すなわち Generic SGE の本質は何か。基本理念は「生き方の探究」、基本的概念は「自己開示」と「他者受容」になるのではないかと、ＳＧＥ提唱者の私ども夫婦は考えている。

さて、ジェネリックという概念の今後の有用性（Usefulness）についてふれておきたい。学校教育において、文部科学省の「チーム学校」という発想のもと、スクールカウンセラー、スクールソーシャルワーカーなど複数の職種の連携が活発化する時代になった場合、ジェネリックの発想が必要になる。カウンセラーにせよ、ソーシャルワーカーにせよ、多様な学問的・職業的背景の人々が、それぞれの特異性をもって参画することになるからである。

それゆえ、カウンセラーでもソーシャルワーカーでもそれぞれのジェネリックを保持しつつ、協力する必要性が生じると思われる。

3　ソーシャルワークが影響を与えたもの

関西学院大学助手時代、竹内研究室でふれたソーシャルワークは、私のカウンセリング心理学にどのような影響を与えたか。おもなものが二つある。

⑴心理主義に陥るリスクを回避

臨床心理学でもカウンセリング心理学でも、個人の心理状態が変わると（洞察・模倣・試行錯誤などを介して認知や感情や行動が修正されるの意）人は幸福になるという発想を、心理主義という。「心頭を滅却すれば火もまた涼し」が心理主義の代表例である。自殺願望を表現した生徒に対して、共感的理解だけで応じるのも心理主義である。

ソーシャルワークには心理主義がない。ソーシャルワークの特色は、具体的にサービスをする点である。空腹の生徒にはパンを、虐待されている人には一時的に駆け込み寺を用意するのがソーシャルワークである。

私はアメリカでふれたカウンセリングモデルのインターベンション（介入）の項に、ケースワークを加えて用いていた。ところがアイビイ（A.Ivey）とカーカフ（R.Carkhuff）は介入技法にソーシャルワークを加えていない。しかし積極技法や行動化技法を提唱することで、心理主義を超克していた。精神分析理論、ロジャーズ理論は心理主義に走るリスクがある。私がこのリスクを回避できたのはソーシャルワークのおかげであった。

(2) カウンセリング、ソーシャルワーク、サイコセラピーの三者間比較

私は関西学院大学助手のころ、プロフェッショナル・アイデンティティの混乱を体験したおかげで、三者比較論に関心をもつようになり、今日にいたっている。結論としては、「カウンセリング・サイコロジストの私が、必要に応じてソーシャルワークやサイコセラピーの方法を活用する」という方針を定めたので、私個人は三者比較論の決着はついている。

しかし、カウンセリング運動のリーダーの一人としては、学問的にこれら三者（カウンセリング、ソーシャルワーク、サイコセラピー）の異同を論じ、カウンセリングの旗幟を鮮明にしたいと思って今日に及んでいる。その暫定的結論を記しておきたい。

ソーシャルワークの扱う問題は、生活問題・現実問題（例：衣食住）であり、代表的方法は具体的サービス（例：生活保護）である。主たる思想の理論的背景は、人並みの生活を営

む権利の擁護（アドボカシー）とソーシャルリレーション（役割関係）の回復・促進である（例：親としての役割機能不全の場合、里子制度を活用するなど）。

サイコセラピーの扱う問題は、心理的障害（例：適応障害、ストレス障害、薬物依存、摂食障害）であり、代表的方法として精神分析的心理療法、行動療法、認知療法、箱庭療法、動作法、睡眠療法などがある。理論的背景は、精神医学、神経心理学、投影法検査を含む臨床心理学である。

カウンセリングの扱う問題は、人生の発達課題（例：職業生活、人間関係、健康管理）であり、主たる方法は面接、グループ対応、チーム支援である。主たる理論的背景は、個体間の関係（Interpersonal Relation）にウエイトを置くカウンセリング心理学である。

私はこれまでの人生で、ソーシャルワークとサイコセラピー分野の人々と接触する場面が多かった。その体験から、下記のような印象をもっている。

ソーシャルワークの人々にはのらりくらりがない。リップサービスもない。「様子をみましょう」も少ない。応急処置が適切である。気の利く人、義侠心のある人、苦労人、現実感覚のある人、人生を恐れない人（勇気のある人）がソーシャルワークには向いていると思った。のんびり屋、慎重派（腰の重い人）、議論好きな人、筋論者はソーシャルワークにあまり向いていないように思う。

サイコセラピー分野の人々は人の内的世界（Intra Personal）に介入する関係上、自分の内的世界に敏感でないと「もしかしてこの人も」との察しが悪くなる。自他の内的世界に集中するので、外部機関との連携や環境調整やグループリーダー役になじみが少ないように思う。

ソーシャルワーカーは生活で困っている人をヘルプし、サイコセラピストはメンタルヘルスで困っている人をヘルプする。

これと対照的にカウンセリングは、生活に困っているわけでもなく心の悩みで困っているわけでもない人々、つまり「普通の人々」を主たる対象としている。三次的支援といって、特別な支援を要する人々も対象ではあるが、ベースは普通の人々対象である。普通の人々とは、現実原則（ままならぬ人生）に従いつつ、快楽原則（自分好みの自由行動）を満たしている人のことである。ソーシャルワークとサイコセラピーは、現実原則にも快楽原則にも不得手な人々が「普通の人々」になれるようにヘルプする、という図になる。

カウンセリングは、普通の人々が人生の発達課題をクリアしながら、自分で納得できる生き方を発見・創造することを期待している。したがって、私の抱くそれぞれのイメージは、カウンセラーは教育者、ソーシャルワーカーは救護者、サイコセラピストは治療者となる。

これら三者の共通項は、竹内愛二教授の説のとおり、「ヒューマンリレーションを介してクライエントと向き合う仕事」といえる。ただし、ソーシャルワークのそれはソーシャルリレーション、サイコセラピーのそれは中立的リレーション（対抗感情転嫁を回避するために）、カウンセリングのそれはシェアリング（ふれあいのある対話）という特色がある。

以上、私は関西学院大学助手時代にふれたソーシャルワークをめぐる私の思考を語ったが、最後に関西学院大学に対する思いを記したい。教育の一つのあり方を伝えたいからである。

4 関西学院大学の風土――人を受け入れ、大事にする文化

私がこれまでに関与したなかで、心打たれる思いをした教育集団は三つある。陸軍幼年学校（陸幼）と関西学院大学（関学）とアメリカの大学院である。その共通項は、人を差別せず、受け入れ、大事にしてくれたことである。

陸幼は、商いを営む家の息子でも参謀の息子でも華族の息子でも同じように扱っていた。アメリカの大学では、英語の下手な日本人でも、貧困家庭出身の移民でも、アメリカ人と同じように遇してくれた。

関学もそうであった。ソーシャルワーク出身でない私を、ソーシャルワークのファカルティに採用し、私が渡米留学のため辞表を提出したときには、理事長が一介の助手を呼び出し、「帰国したら、また戻っていらっしゃい」と声をかける温情のある文化、それが関学であった。関学は、日本の高等教育機関では初めて視覚障害者を受け入れたと聞く（一九一三年）。関学の教職員は、人情があり、寛容であった。学生も誠実で、勉強熱心であった。

私ども夫婦が六十歳くらいのときのこと。電車の中で一人の学生と一緒になった。学生が「私の父は関学出身です」と切り出したので、「うちのワイフも関学出身だ。僕も関学で助手をしていた」と会話が弾んだ。すると電車に乗り合わせていた見知らぬ人が座席から立ち上がり、「私も関学です」と言いながら、まるで旧知の間柄のように会話に加わってきた。

関西学院大学は、卒業生の準拠集団（Reference Group 心の支えになる集団）になるだけの何かがある。その「何か」とは、いまの私の思うところでは、「人を受け入れ、大事にする文化」である。これは、いまの日本の学校教育にぜひ提唱したい文化である。

日本教育カウンセラー協会（ＪＥＣＡ）、日本教育カウンセリング学会（ＪＳＥＣ）、日本スクールカウンセリング推進協議会（ＪＳＣＡ）は、この文化づくりの方法を実践研究しているのである。

第6章　カウンセリングの骨格を得る

〈アメリカ留学1〉メリル・パーマー研究所

関西学院大学の竹内愛二教授が、私ども夫婦をアメリカ・デトロイトのメリル・パーマー研究所に留学できるよう取り計らってくださったおかげで、アメリカ留学の念願が成就した。ここからが「大和魂が星条旗の背広を着る人生」の始まりになった。

メリル・パーマー研究所とは、創立者の名を冠した「心理療法・カウンセリング・ファミリー生活」分野の最先端を拓きつつある著名な研究所であった。ここには、実存主義のムスターカス、論理療法のハーパー（アルバート・エリスの共同研究者）などが所属していた。私ども夫婦は、一九六一年秋から一年間この研究所で学んだが、次の三つの事柄が私のカウンセリングの骨格となった。①哲学への関心、②論理療法、③スーパービジョンである。

1　哲学への関心——日常生活に生きる哲学（思想）

私は教育学出身であるから、二十歳前後の学生時代には哲学の授業が多かったが、哲学に少しも感動しなかった。教える側が哲学を「語る」というよりは、「紹介・通訳」していたからである。異国体験のない人が、異国を地図で解説するようなものであった。運よく妻がムスターカスのプレイセラピーの助手に採用されたので、その縁で私もムスターカスの知遇を得た。これが実存主義を介して哲学一般に関心をもちはじめたきっかけである。

(1) プレイセラピーでみた実存哲学の実際場面

ある冬の日、道路でムスターカスと出会った。寒いのにコートを着用しておられなかった。「寒くないですか」と私が聞くと、「寒いよ」と言う。「先生はオーバーをお持ちではないのですか」「持ってはいるが、僕は寒いときは寒さになりきりたいんだ」と。

実存哲学の認識論は「体験的認識 experiencing」であるとは読書で知ってはいたが、実物を見て初めてわかった。「孤独を体験して初めて孤独とはどんなものかわかる」とムスターカスの本にも書いてあった。

それから間もなく、ムスターカスのプレイセラピーを見学する機会があった。小学生のクライエント、ジミーが急に「ミラーの後ろに人が隠れて、僕らを見ている感じがする」と言い出した。当時の私の知識では「ミラーの後ろから人に見られている感じがするわけね」とロジャーズ気どりで応答するものと思った。しかしムスターカスは違った。「人が隠れているかどうか見に行こう」とジミーを連れて観察室にやって来た。「君の言ったとおりだったね。この人たちは僕の学生なのだ。僕のプレイセラピーの仕方を勉強しているんだ」と説明し、院生たちを一人ずつ紹介した。「何か質問があるかなぁ」とムスターカスが聞くと、「ノー」とジミーが答えた。そしてプレイに戻った。

この後、ゼミがあった。「もし、ジミーが人の見ているところではプレイセラピーを受けたくない、と駄々をこねた場合、先生はどうなさるおつもりでしたか」と私は問うた。

ムスターカスは即答した。「僕はこう語り聞かせるつもりだ。君は君の問題を解きたくてここに来ている。僕は君をヘルプしたくてここに来ている。学生たちは僕のプレイセラピーを学びたくてここに来ている。人はみなそれぞれの思いをもって生きているのだ。君のためだけに人生があるわけではないのだよ」と。

相手が子どもであっても、きちんと人生の事実にコンフロント（対決）させる。そのために指導者は、自分の人生哲学を自己開示する勇気をもたねばならぬという、実存哲学の価値論の実物（実際場面）を見た思いがした。哲学（思想）は日常生活に生きるものと知った。教養としての知識体系以上のものである。これは私ども夫婦の構成的グループエンカウンター（SGE）提唱の基本的な理由である。SGEは実存哲学の体験学習の場である。

(2) 人生の出来事の意味を自問自答する姿勢

上述の例から派生するムスターカスのもう一つの主張、「人生のさまざまな出来事や状況が、自分にとってどんな意味があるのかを自問自答する姿勢」についてもふれておきたい。

ある少年が「プレイセラピーで卓球をするのが楽しみで毎週来ている」と語った。ムスターカスは「君は○○の問題を抱えている。そのことを知っている？　その問題を解くためにここに来ているのだよ」と、相手が子どもであっても来所の意味を意識させることを大事にしておられた。それゆえ私は「何のために～をするのか」を自問自答する態度が身についたと思っている。教育カウンセリングのほかにガイダンスカウンセリングを打ち出す意味は？

日本教育カウンセラー協会（JECA）のほかに日本教育カウンセリング学会（JSEC）

を立ち上げた意味は？　陸軍幼年学校（陸幼）・結婚・アメリカ留学は自分の人生にどんな意味があったか？　長生きしたい願望の意味は？　などがその例である。ぼんやりニコニコするだけでは浅い人生だと教わった。

ムスターカスの授業は、知識体系を順繰りに伝える方式ではなく、毎回自分を語る形態であった。マズローを紹介しつつ自分の所感を述べる、ブーバーの「我と汝の関係」を引用しつつ自分のいましていることを語るという方式であった。

それゆえ学生はムスターカスを介して、外界にも内界にも視野が広まり深まるという思いがあった。実存哲学では、究極的に存在するものは自分である、自分という具体的な個であるとの存在論をもっている。ムスターカスは毎回の授業でそれをデモンストレートしておられたと私は解している。この心意気は陸幼の生徒監とも共通していた。教育は実態にふれてこそ効果がある。解説や檄を飛ばすだけでは教育にならない。それをムスターカスに学んだ。

(3) 生き方としての哲学、学問としての哲学

ムスターカスからは、生き方としての哲学（自己開示、コンフロンテーション、エンカウンター、孤独、個の意識、体験的認識、意味など）を教わったが、その後ミシガン州立大学

博士課程在学中に、講義と読書で知識体系としての哲学にふれたことは、実存主義に偏向しない学問的許容性を学ぶ意味があった。

それは当時（一九六〇年代前半）、交換教授として教鞭をとっておられた米盛裕二教授（オハイオ州立大 Ph.D.）のすばらしい講義のことである。主要な学派を公平に、中心概念を押さえつつ、それをご自分の言葉で語る（一回三時間を一学期間）授業はすばらしかった。

いちばん感動したのは、最終回の授業が済んだ瞬間、受講生全員が起立し、拍手したことである。拍手が鳴りやむと、あるアメリカ人学生が「たぶん、みんな私と同じ気持ちだと思うので、私に感謝の言葉を述べさせてほしい……」とあいさつした。

私は米盛教授から教育を支える「学問としての哲学」を、ムスターカスからは「人として生きるための警鐘としての哲学」を壮年期に学ばせていただいたおかげで、老いて衰えずのいまがあると思っている。

2　論理療法との出合い

アメリカ留学一年目の画期的な出来事の第二は、論理療法との出合いであった。

インターンシップで来ていたカウンセリング博士課程の院生同士での雑談中、エリスという人物がしばしば引用されていた。「エリスとはハバロック・エリスのことか」と聞くと、「アルバート・エリスだ。ラショナルセラピーの創始者で、アメリカではいま売れっ子だ」と解説してくれた。この研究所ではDr.ハドソンがそれを教えているという。

私はすぐハドソンとの面談を予約した。直接会話したほうが、読書よりわかりが早いだろうと思ったからである。さて、面談が済んで辞去するとき「ご多忙のなかを私のために時間を用意してくださり……」と紋切り型のあいさつをしたところ、こう対応された。

「僕は君に会いたいから会った。君は僕に会いたいから予約して、慣れない英語で知りたいことを全部質問し終えて、いま、部屋を出ようとしている。君は自分のしたいことをなし終えた自分にまず感謝せよ。Don't thank me. Thank yourself」。

この最後の英語はシンプルであるが、その後の私の自己肯定感を鼓舞する言葉になった。

教育分析をだれから受けるかは、カウンセリングのプロフェッショナルにとって大事なことである。アメリカの院生は教授が「Any question?」と聞くと、「先生はだれから教育分析を受けましたか。スーパーバイザーはどういう流派の人でしたか」と問うのが常である。私は教育分析を論理療法のDr.モーガンから受けた。

(1)天衣無縫のラショナルセラピスト

教育分析一回目のセッションでモーガンは言った。「君は日本で精神分析をやっていたらしいから、僕は精神分析で君の教育分析をしようと思うがどうだろう」

私は論理療法を知りたいので論理療法の教育分析を受けたかったが、当時の私はまだ若寄から脱却しておらず、「ＯＫです。精神分析でお願いします」と答えた。いま考えると落第生であった。ところが自由連想法で五回ほどセッションを重ねたとき、モーガンは言った。「僕はやっぱり論理療法のほうがやりやすいなぁ。君、悪いけど僕のやり方に合わせてくれないかなぁ」と。「先生のやり方とは、どうするんですか」。私はラショナルセラピストは天衣無縫だと驚きつつ、そう問うた。

すると、「Face To Face になってくれ。何でもいいから話せ。僕も話す。じゃあいいか」と言うので、こう返した。「何でもとおっしゃるので何でも話します。僕は先生の奥さんはあまり好きじゃない。この間の授業で、亭主が答えに窮する質問をしておられたでしょう。人前で夫に恥をかかせる妻っていやですよねぇ」。私は若年寄から少し脱却していた。こちらも天衣無縫でいこう、そう腹をくくったからである。

モーガンは平気だった。「アメリカの女性はあれが普通だ。夫婦といっても友達気分だよ。

君たち東洋人とは違うんだ」と。ロジャーズ風の繰り返しも、精神分析風の解釈もない。「セラピストはクライエントを受容すべきである」というビリーフがない。ラショナルセラピストの自由さに目を見張る思いだった。

モーガンは私のイラショナルビリーフを粉砕する方式ではなく、イラショナルビリーフを乗り越えた自分の言動をデモンストレートして、私の模倣の対象になってくれた。私もモーガンのように自由奔放になりたい。そう思いはじめた。

最終回のセッションも印象的である。「いよいよ今日で終わりですね。私はこの後ミシガン州立大学に移りますので、将来いつお会いできるかわかりませんが……」と日本的な惜別の情を伝えてみた。すると、ラショナルセラピストもしみじみとした口調でこう語った。「僕はカリフォルニアの大学に移る。ほんとうは移りたくない。この研究所にいたい。しかし家族を養うためには収入の高いほうに移らざるを得ない。男はつらいよなぁ」と。そして記念として詩集を私にくださった。「フレンド」というタイトルの詩集だった。

(2) エリスも木から落ちる?

モーガンを介して論理療法になじんだころ、ボストンでアルバート・エリス主宰の研修会があると知った。しかし当時は一ドル三六〇円の時代であったから、夫婦で人の二倍の参加費は支出できなかった。そこでエリスに手紙を書き、「参加費を無料にしてほしいのですが……」と頼んでみた。「厚かましいことはすべきではない」とのビリーフを克服していたと思われる。すぐに無料快諾の返事（一行の手紙）が来た。会場で初めてエリスに会い、お礼のあいさつをしはじめたところ、「話はすでについている、さっさと席に座っていろ」と簡単な愛想の乏しい対応だった。研修の内容は、エリスがみんなの前でラショナルセラピーの面接をしてみせて、それを教材にQ&Aを交える方式であった。

「先生のどこそこの応答が本のとおりではなかったがどういうわけか」との問いに、「本にはそう書いてあるかもしれないが、あの応答の瞬間は本に書いたことを忘れていた。いまとなれば君の言うとおりだが」という回答であった。

猿も木から落ちることがある。落ちるべきではないといっても落ちることがある。日本語に翻訳すればそんなことであった。

(3)論理療法を日本に紹介したいきさつ

日本の霜田静志師匠に、以上の体験を伝え、アメリカではラショナルセラピーが注目を浴びていると報告したところ、すぐに「論理療法の紹介記事」の原稿依頼があった。当時私は「ラショナルセラピー」と言っていたが、日本では師匠の訳を定訳にし、エリスにも口頭で（来日中に）了解をとっておいた。

この「論理療法」を学会の用語にしてくださったのは、東京大学の中村弘道教授（日本学生相談学会、日本カウンセリング学会、両学会の理事長）であった。中村教授がエリスを学会に招く折に、仲介の労をとってくださったのは、中澤次郎教授（筑波大学）であった。

エリスはカウンセリングの諸理論のいずれにも偏向せず、主要理論の共通項にビリーフという概念を与え、統合的な立場をとった。折衷主義の一例であるが、構成要素に哲学・文化人類学が加味されているのが特色である。すなわち、生き方を考えるときのフレームとして有効である。技法的には簡便的・能動的であるので教育実践に使いやすい。

3　スーパービジョン――個人面接・グループワーク

私はアメリカで、個人面接のスーパービジョンとグループワークのスーパービジョンの両方を受けた。その骨子を伝えたい。

(1) 慈母の雰囲気と気迫（アイデンティティ）

日本で私が見聞したスーパービジョンは、もぐら叩き風のものが多かった。スーパーバイジーが意気喪失するケースが目についたからである。

私のスーパーバイザーは、私の個人面接を隣室からワンサイドミラーを通して見ていてくださった。もし行き詰まっても、隣室にヘルプを求めに行けるというだけで、私は安心できた。数週間すると「僕は研究室にいるから、何かのときには……」と安心感を与えてくれた。最初の数カ月は、面接直後にそのつどスーパービジョンのセッションをもってくれたが、やがて「毎回は行わず、面接数回分をまとめてスーパービジョンしよう」と提案があった。要するにシェービング方式で徐々に独り立ちできるように図ってくれたのである。

あるとき、面接室に急ぎ足で向かっている私に、「君の歩き方は軽い。人に頼られる立場の人間は、見た目にも頼りになる雰囲気が大事だ。そのためには床を意識してゆっくり歩むことだ」と諭してくれた。その雰囲気は慈母のそれであった。陸幼の生徒監のそれであった。

アメリカの教授は「みなさんと一緒に学びましょう」などのあいさつはしない。私はスーパーバイザーである、責任者である、指導者である。こういう気迫（アイデンティティ）が濃厚である。私はガイダンスカウンセラーも教育カウンセラーもそうであってほしいと願う。

ただし、それはスーパーバイザーという役割から抜け出した一人の Person が、自分の原点であることを自覚したうえでのことである。

(2)流派により異なる対応（統合主義・折衷主義）

グループワークのスーパービジョンでは、いまでも役に立つことを教わった。あるとき私が、スーパービジョンのセッションでこのように報告した。「グループの子どもたちがみんな騒がしいので、Be quiet! Be silent! と怒鳴りつづけた」。するとスーパーバイザーは、「みんながうるさかったと言うが、うるさい人間は何人いたか?」と問うた。「数えませんでした」「数えていないのになぜ『みんながうるさい』とわかったのか?」「そんな感じがしたのです」「感じを報告されてもスーパービジョンはできない。事実を報告してくれ」

私は翌週数えてみた。実際には三人くらいだった。それを報告すると、「三人はなぜうるさいのか」「私の説明が長すぎるので、早く作業させてくれと言うのです」「ということは、君のプログラムに興味を示しているわけで、ありがたいことではないか。感謝もせず、Be silent! ではおかしくないか?」

こんなやりとりがスーパービジョンの中身であった。箸の上げ下ろしの指導だった。このスーパーバイザーはソーシャルワーク出身のカウンセリング・サイコロジストであった。

個人面接のスーパービジョンはもう一人の先生にも受けた。

この先生は行動主義出身で、クライエントの心情を勘案して具体的にアクションを起こさせるか、こちらがアクションを起こすかという方法であった。似たようなケースでも流派によって対応が違うことを知った。前述の廊下の歩き方を指導したスーパーバイザーは、精神分析出身のクリニカル・サイコロジストであった。

メリル・パーマー研究所の方針は、異なる学派にふれつつ自分の考えをまとめよう、という統合主義または折衷主義ともいえるものであった。

(3)スーパーバイザーの監督責任と親心（P）

スーパーバイザーというのは、カウンセラー、コンサルタント、アドバイザーとは異なり、監督責任がある。インターン（実習生）が事故を起こしたらスーパーバイザーの責任になる。その気迫を見たことがある。

実習生（臨床・カウンセリングの博士課程院生および内地留学の大学教授）を前に、主任スーパーバイザーがこう言った。「記録は僕の秘書に渡す。彼女がロッカーに保管する。ロッカーの鍵は僕の許可なしには使えない。大統領が来てロッカーを開けろと言っても、僕の許可なしには開けられない」。これは爆薬庫の番兵に「中隊長や大隊長が開けろと言っても開けるでないぞ」と指導している上官の気合いを連想させるものであった。

もう一つ、スーパーバイザーの監督責任を感じたことがある。

「君がいま対応しているクライエントが、君以外のカウンセラーに換えてほしいと申し出ている。そこで君にはこのケースからおりてほしい」とスーパーバイザーから言われたのである。

「僕の推論では、その理由は君が白人ではないからだ。人種差別との非難を恐れ、本人はそれを理由にはしていないがね。東洋人であることは君の責任ではない。しかし世間には『東洋人で申し訳ない』と君に謝らせたい人間がいる。自分の問題（人種差別）を棚に上げ、他者に責任を転嫁する人間がいるものだ。これからの人生でそういう人間に会うだろうが注意しろよ」とサポートしてくれた。

スーパーバイザーは私のイメージでは親心（P）の具現である。

第7章　カウンセリング・サイコロジストの自覚

〈アメリカ留学2〉ミシガン州立大学教育学研究科博士課程

「アメリカ留学の念願をやっと果たした」。デトロイトのメリル・パーマー研究所に着いてそう思った。しかし妻はこう言った。これからアメリカに来る日本人は増える。アメリカ留学というだけでは昔のように箔がつかない時代になっている。「だから、あなた学位をとらないとだめよ」と私を軽くいなした。大願成就だなんて、と言うのである。

思い当たるふしがあった。クライエントからの電話にインターン仲間は、「ハローDr.○○スピーキング」と重厚に応じているのに、私は「ミスター・コクブ、スピーキング」である。これではクライエントの期待が初めから違うだろうくらいは気づいていた。やはり妻の言うとおりだ。

仲間や指導教授に意見を求めると、「ミシガン州立大学はカウンセリング心理学のプログラムがよい」と薦めてくれた。筆記試験は大学院博士課程全国統一検査（理・数・社など広範囲）を大学の試験センターで受けた。数学は対数や順列組合せの問題もあり、二十歳前後の受験勉強が三十一歳で大いに役立った。面接はノーマン・ケーガン（Dr. N.Kagan）に受けた。後年、彼になぜ私を合格させてくれたのかを聞いたところ、「君が精神分析を知っていたからだ。僕も精神分析が好きなんだ」

そういうわけで、一九六二〜六六年の四年間で私は、カウンセリングのPh.D.プログラムを無事完了した。ミシガン州立大学で感じたこと・気づいたことで、日本にも導入したいことが三つある。本章ではそれを語りたい。

1　カウンセリング心理学博士号取得の手順

私の指導教授、ウイリアム・ファーカー博士(Dr.William Farquhar ミネソタ大学 Ph.D.)は、初めて私に会ったとき、「君は何を知っているか？」とまず聞いた。私がいくつか列挙すると、科学哲学は知っているか？　統計学は？　心理テストの作り方は知っているか？と問い、私の知らない分野を学べとアドバイスした。精神分析関係は履修しなくてよい。そんな打ち合わせであった。神学出身の院生には、哲学の履修は不要と告げたそうである。

こういうわけで、院生はそれぞれ異なるカリキュラムで動いていた。しかし全体的にみれば院生全員の知識の範囲は同じであり、カウンセリングの Ph.D. といえば、大体どんなことができる人間であるのか、との想定はつくようになっていた。Ph.D. とは、Doctor of Philosophy の略で、学術博士に相当する学位である。哲学の専門家という意味ではない。日本のように文学博士、理学博士、工学博士、教育学博士と分別せず、全部含めて Ph.D. という。それゆえ、どの学問の Ph.D. かは本人に聞かないとわからない。

さて、この Ph.D. を取得するためのハードル（関所）が六つある。コースワーク、インターンシップ、全科試験（Comprehensive examination）、博士論文計画書、博士論文作成指導、口頭試問（Oral examination）。この六つの山を乗り越えるには、体力と家族の協力が不可欠である。人生の一大イベントである。

(1) コースワーク

私の見聞するかぎり、アメリカの博士課程は教授が時間いっぱい語りつくし、試験は「学習の量」と「考えのまとめ方の能力」を測るものが主流であった。院生に発表させるだけ、討論させるだけといった、教授が手抜きをしているという印象を与える授業は皆無であった。アメリカ人の院生が言っていたが、「僕たちは教授に教わりたいんだ。外国人教授は討論させたがる。アメリカの学生は討論を喜ぶと思っているらしいが、私たちに言わせると『アメリカナイズ「Too much』だよ」である。

このコースワークで評価A（特上）かB（上）を取らないと、途中で落第となる。Cは（並）である。Aを取るために講義に関連する本は精読し、要点は暗記する。それゆえ一学期で四科目も履修すると、睡眠時間は四～五時間の生活が続く。

(2)インターンシップ

所定の科目を履修し終えるころ、一年間のインターンシップを体験する。私の場合はメリル・パーマー研究所（一九六一～六二年）でのスーパービジョン、教育分析、個別面接、グループワーク、プレイセラピーの体験が、インターンシップとして認められた。

(3)全科試験

コースワークと実習の完了が確認されると、次は全科試験にパスしなければならない。これにパスしないと博士論文にとりかかれないからである。全科試験（Comprehensive examination）とは、カウンセリング心理学の基礎になる諸分野についての論述式筆記試験のことである。

私の場合は、カウンセリング研究法（ある論文を論評させる）、心理テスト（ストロング職業興味検査を論評させる）、文化人類学（アメリカのカウンセリングは日本文化で使えるかを論じさせる）、その他カウンセリング理論（理論の比較を問う）などを終日かけて指導教授の研究室で受けた。採点は複数の教授が行い、総合判定の結果は指導教授がそれぞれの院生に告げるという慣習のようであった。

ファーカーはリサーチの好きな人であったから（APGA：American Personnel Guidance Association の受賞者）私がリサーチで高得点であったことを喜んでくれた。私が『カウンセリング・リサーチ入門』（一九九三年、誠信書房）を威勢よく書けた遠因はここにある。

(4) 博士論文計画書

全科試験の後、博士論文の計画に入る。ファーカーは、「君の興味があることを五つ六つリストアップして来週見せに来い」と指示した。

私がリストを持って行くとファーカーはそれを見て、「これはすでにリサーチされているからだめ」「これはいいテーマだが金がかかるからだめ」「これもいいテーマだが一年間ではまとめられないからだめ」と次々に消していった。そして「『役割理論から見た結婚の満足度』がよい。要するに、一〇〇ドルくらいの金で一年間かけてリサーチの体験学習をするのが博士論文だ」と言った。

ファーカーの目標は私の納得するものであった。「世間をあっと驚かせるリサーチは、将来、金と時間ができてからでよい」と割り切ってくれた。

テーマが決まると、「来週、リサーチ・デザインを持って来い」と指示され、母集団、サンプリング、測定尺度、分析法などリサーチの主項目ごとに案を作った。ファーカーはそれを見て「大筋はこれでよい。次は君の博士論文の審査委員会（Doctoral Committee）をつくろう。候補者にお願いに行って来い」と指示された。

私はあるロジェリアン教授（ロジャーズ派の教授）に頼みに行った。その教授は正直だった。「僕は論文についてはうるさい人間だ。僕が君の審査員になると君は困るよ。だから僕以外の人に頼みなさい」と言われ、私はすぐそうした。社会学教授、カウンセリングセンターの教授、私の受験面接をしたノーマン・ケーガンにお願いし、快諾を得た。

ファーカーはこの教授たちに集まってもらい、私の論文計画を示して、「留意点・修正点をどんどん教えてやってくれ」と依頼した。その後、「先生方の意見を加味した論文計画案に作り直して来週持って来い」と指示された。あまりにもてきぱきしているので、「先生は陸軍士官学校でも出ておられるのですか」と聞いたことがある。答えは「ノー」であった。

(5) 博士論文作成指導

ファーカーは修正した計画書を見て、「あとはこの計画書のとおりに動け。むずかしいことを考えるな。この予定表を事務的にこなせばよいのだ」と言った。

そのつもりで私は帰国し、データを集めたが、大学紛争の影響で時間がかかり、ファーカーに無沙汰が続いた。そういうある日、ファーカーから一通の手紙が届いた。ただ一行の手紙であった。「その後どうだ」――妻からすぐにアドバイスされた。「フルブライト交換教授の試験をパスすればアメリカに戻れるよ。論文はアメリカで完成することよ」。私はそのとおりにして、ファーカーの温情に応えることができた。滑り込みセーフであった。

アメリカに戻って再びファーカーの指導を受けた。一章書きあげるたびに持参し、ファーカーが朱を入れて私に戻すという手順で論文を完成させた。私の論文を製本してくれた製本屋の主人が、「あなたの英会話は下手だけど、文章はうまいね」とほめてくれた。ファーカーは「贅肉のない論旨が明示されている文章」が好きであった。私はそれを模倣した。

(6) 口頭試問

口頭試問は一時間で終わった。数時間かかる場合もあるというが、これはひとえに私の英語が流暢ではないからであった。すなわち、贅肉（例：言い訳、冗談）がなく、結論がクリアな英語だったので、試験委員にからまれずに済んだからだと思われる。特に私は定義の明確な文章が好きであったから、論旨が論理的に響いたように思う。

カウンセリング心理学博士課程修了までにかかる平均的な年数は、座学三年、実習一年、計四年である。前述のように、私は帰国後、博士論文のデータを集めたが、折しも当時は大学紛争が激しいときで、論文提出が一九七四年になってしまった。しかしスクーリングは一九六六年に終えたことになる。

2　徒弟制度のない教育方法

(1) 教条主義に陥らないために

帰国後、大学でこんな光景を目撃した。学生が私の部屋に入るとき、周りをキョロキョロと見てから入室したのである。後でそのわけを聞いたところ、「うちの先生に見られるとまずいので」と言う。「学部に入学した十八歳のころから大学院を終えるまで、ある特定の先生のある特定のテーマをある特定の方法で学習しなければならない。そうしないと破門されそうな不安にかられる」という例である。

アメリカの教授も院生も日本式の家族主義が乏しいので、院生が他の教授と親交をもつことには罪障感も嫉妬もない。しかし「自分のメンターはだれである」との思いは確固としてある。例えば学会でスーパーを語る部会があると、多くの自称弟子が集まり、「Super is my mentor」と語るのである。かといって二君にまみえずといった超自我には縛られない。私はアメリカの大学で徒弟制度ではない教育を体験し、この方法のほうがカウンセリング学習に関しては有効ではないかと思っている。理論・方法・技法が教条主義にならないからである。

(2) 知らないことを恥じないアメリカの教授

アメリカの教授が徒弟制度をとらない理由は、文化にも起因していると思われるが、教授個人が「自分は何を知らないかを知っている」からではないかと思う。

ファーカーは自分はソーシャルワークも科学哲学も知らないことを知っている。それゆえ、私にそれらを学びに他学部に行ってくるよう要請する。自分は何でも知っていると思っている教授は、弟子がダブルスクールをしていると知ったら不機嫌になる。

ところで、「自分は何を知らないかを知っている教授」とは、「自分は何を知っているかを知っている教授」である。

アメリカの教授は学部・大学院を通して広く学ぶので、学問の世界は未知の部分が広いことを知っている。それゆえ、自分の知っていることはきわめて微少であると自覚している。知らないことを恥じる風がない。

運悪く、ある特定の学派しか教わらないと、ほかにも学派があることを知らないまま成長する。例えば私は学部学生のころ「哲学概論」を履修したが、担任教授は一年中ケルケゴールの哲学ばかり語っていた。それゆえ私は、実存主義とはケルケゴールのことだと思い込んでいた。実存主義以外にどんな哲学があるのかという疑問さえもたなかった。

(3) 徒弟制度からの解放を

それゆえ、近年、スクールカウンセリングに関する団体が一つの法人組織を立ち上げたことは、互いに「何を知らないか」を知る機会になったと思われる。キャリア教育を、SGEを、発達支援を知らない、面接技法を詳しくは知らない、学級づくり・チーム支援にはあまりなじみがない、授業に生かすカウンセリングを知らないなど、知らないもの同士が知っていることを教え合う法人の設立は、上述した意味での徒弟制度からの解放になる。

一九五〇年代、社会学者D・リースマンが来日したとき、日本の大学に三つの提言をした。「日本の大学は、①精神分析と②文化人類学を導入し、③徒弟制度は廃止したほうがよい。徒弟制度は学問発展の阻害になる」と。

カウンセリング分野にも当てはまる提言である。将来、日本にカウンセリング心理学の大学院をつくるときに、ぜひ検討してほしい。複数の学部を擁する大学なら他クラス聴講できるので、すべての必須科目をカウンセリング心理学研究科が調達する必要はない。一つの研究科だけで独立採算制にする必要はない。授業科目のアウトソーシング制で十分である。

日本にカウンセリングの博士課程をつくるとき、検討導入してほしいことがもう一つある。論文指導教授が定年退職や転勤でその大学を去った後も、院生の論文指導に関与できる制度にしておくことである。院生を途中で路上に取り残さないためである。たらい回しは帰る家がない（メンターがいないの意）院生を育てることになる。私の見聞するかぎり、リサーチにも超自我（師匠・帰る家）が必要である。

3　役割を活用できるパーソンの自覚

この標題の意味は次の例がわかりやすい。私はひところ、会う教授会う教授ごとに同じ質問をした時期がある。「あなたはロジェリアンですか」と。

私が日本を離れた一九六一年は、ロジャーズの非指示的カウンセリングが日本を風靡していた。ロジェリアンでないものは「もぐり」だといった風潮があった。アメリカではどうか？　そんな好奇心からの質問であったが、当時アメリカのガイダンス界のリーダーであったウォルター・ジョンソン（ミシガン州立大学教育学研究科長、ミネソタ大学 Ph.D.）の応答が私を開眼させた。

「君、今度ロジャーズに会ったとき、同じことを聞いてみろ。彼は決して自分はロジェリアンだとは言わないはずだ。I am Rogers. と言うはずだ」

(1)「自分が主人公である」という気づき

私の開眼とは、次のような気づきのことである。

自分を観るのに「ロジェリアンである」とか「日本人である」とか「男である」とか、外的な枠組み（役割）でレッテルを貼るのではなく、自分そのものが、たまたまロジャーズ理論を用いて判断し、日本文化を受容して日本人会で談笑し、世間が期待する男性像につき合って行動している。自分が主人公なのだという単純な発見であった。

カウンセリング研究者にとってこれは大きな気づきである。世間の期待（役割）に縛られると、紋切り型（人の期待に添う人生、若年寄、営業用スマイル、議会式答弁しかできない人間）になりがちである。カウンセリングは自分を取り戻し、できるかぎり自分のホンネに則して生きる人間をめざしている。

すなわち、泣くものは泣かないもののごとく、妻あるものは妻なきもののごとく、学あるものは学なきもののごとく、自分の原点に戻って、原点の自分が、役割や状況を素材にして自分を表現している、そんな生き方・あり方をジョンソンは示唆してくれた。

そう気づくと、ジョンソンだけでなく、私の周りのアメリカ人のカウンセリング教授は、いずれも「一人の人間として as a person」の自分を開示する勇気のある人々、誠実で現実原則に忠実な人々であった。

ファーカーはその代表選手であった。

あるとき予約した時刻に研究室に行くと、「妻が急に外出するので僕は子守りをしなければいけない。そのため君とは家で話をしたい」と私を自宅に連れて行った。昼になると冷蔵庫からにんじんを取り出してポキンと折り、半分を「君も食べろ」と手渡す。にんじんをかじりながら私の原稿を見てくれた。疲れると雑談する。

「僕は君が日本人か中国人かそんなことにはあまり関心がない。君がどんな人間かに興味がある。最初のころはミステリアスな人間だと思ったが、日本文化の中では普通の人間なんだろうねぇ」「僕は妻とはエンカウンターしないよ」「僕は修士コースでは発生学専攻だった。だから基礎心理学に興味がある」「君はホーナイやハルトマンを知っているらしいが、僕は知らない。大体どんなことかを話してほしいなぁ」といったぐあいの息抜きの会話をはさんで、セッションを終える。

私の母が八十歳のとき、「元気なうちにおばあちゃんにアメリカを見せよう」と妻が発案した。ファーカー教授宅にも招かれたが、「初めて会った感じがしない先生だった」というのが母の印象であった。

(2) パーソンが役割を介して発現する生き方を

ノーマン・ケーガン教授は、口頭試問を終えて退室する私の耳元で、「○○のスペルを直しておけよ」とささやいた。その後、日本で再会した折にそのことを話題にしたところ、「口頭試問の場でスペルの間違いを指摘すると、次々と間違いが指摘されはじめて論文の評価が低下する。それを恐れたので小声で言ったのだ」ということだった。アメリカ人の武士の情けにふれたわけである。

日本のカウンセリング界にも武士の情け（役割から脱出した person-to-person の関係）を大事にする風土を残しておきたい。カウンセリング論者、カウンセリング評論家を育てない大学院運営が好ましい。

ムスターカスもそうであった。あるとき、留学生担当教授が私のアルバイトを許可しなかった。当時、留学生のアルバイトは週十二時間まで許容されていたが、この教授は「あなたは勉強するためにアメリカに来たのだ。稼ぐために来たのではない」と私の申請を却下したのである。この話を聞いたムスターカスは、私の目の前でその教授と激しくやりとりをした。あとで「私のためにけんかまでしてくださり……」とあいさつすると、ムスターカスはこう言った。「人間というものは、波風を立てるべきときには波風を立てねばならない」と。

私にとってムスターカスは義憤に燃えるカウンセリング・サイコロジストのモデルであった。燃える人柄（Person）が教授という役割を介して出現している。人によっては、教授（役割）はけんかなどすべきではないというビリーフのために、役割が人柄を抑圧・抑制することがある。カウンセリングのリーダーは、Person が役割を介して発現する、そういう生き方をしたいものである。

これが、カウンセリング関係の教授との交流で感じたこと・気づいたことであった。

この Person を基調にしている教授たちは、その生き方の結実の一つとして、Eclectic（折衷主義的）なカウンセリングを提唱しておられた。自分が主人公であるから、使えるものは自分の使いたいように使えばよいのだと考えると、結果そうなる。

私の言葉でまとめると、実存主義志向（a person こそ究極的存在であるとの思想）は、Eclectic（折衷主義）なカウンセリングにならざるを得ない。プラグマティズム志向（Useful 有用かどうかを行動選択の基準にする思想）の人々も Eclectic になる傾向があるが、当時（一九六〇～七〇年）のアメリカのカウンセリング（ミシガン州立大学）は実存主義志向が強かった。

stage Ⅳ 壮年中期〜

日常に役立つカウンセリングを！

1966 〜 2011 年（35 〜 81 歳）

◆第 8 章　カウンセリングの対象・方法への開眼

多摩美術大学・東京理科大学

1966 〜 1989 年（35 〜 59 歳）

◆第 9 章　カウンセリングからカウンセリング心理学へ

筑波大学・東京成徳大学

1989 〜 2011 年（59 〜 81 歳）

第8章　カウンセリングの対象・方法への開眼

多摩美術大学・東京理科大学

アメリカ留学から帰国したあとの二十三年間、私は一般教養・教職科目担当の心理学教授を務めていた。この期間は、私のカウンセリング観が伝統的な観点から、現実の役に立つ実利性のあるフレームに転じる出来事を体験した壮年期であった。

伝統的観点とは、フロイドやロジャーズに代表される「面接志向」のカウンセリングのことである。実利性とは、普通の人々の日常生活（家庭・職業・社交・学業など）の役に立つという意味である。要するに、診療所風の個別面接、あるいは身の上相談風のカウンセリングだけにとどまってはならない、という思いが育てられた二十三年間であった。

その思いが高まった第一の出来事は、大学紛争の体験である。

1　大学紛争から学んだこと

(1)責任と権限の明確化・対応化の原理

帰国後すぐ就任した多摩美術大学（一九六六〜七六年在任）では、まもなく大学紛争が起こった。学生部長の役割を担っていた私は、毎日のように学生と団体交渉をしていた。娘が誕生した日も産院に駆けつけることができなかった。

学生との激しいやりとりの中で、代表がこう切り込んできた。

「授業のときの國分さんと団交のときの國分さんとは態度が違うじゃないか。どっちの國分さんがほんとうの國分さんなんだ！」「授業のときの僕がほんとうの國分だ」「では団交の國分さんはインチキということか」「そうだ！」

このやりとりが、私のエンカウンターの第一歩だったように思う。と同時にこれが私の組織論とカウンセリングの統合を考えるきっかけになった。

学生部長に相当する役割をもっているにもかかわらず、私はその役割のもつ権限と責任をはっきりとは知っていなかった。理事会や教授会が私の応答をサポートしてくれる条件は何か。私はこの件でイエス・ノーと即答する権限があるのか。まったく明瞭ではなかった。私を「あなた」呼ばわりする学生は、授業のときは「先生！」と声かけしてくる穏やかな青年だった。もし私が、「授業のときと団交のときと、君の態度は違うじゃないか。どっちがほんとうの君なんだ」と聞いたら、彼はどう答えるだろうか。

ここで私は気づいた。組織は役割の束である。役割関係が機能しないと、組織は機能しない。役割関係が機能しないとは、「その役割に対する本人の期待」と「周りの人々のその役割への期待」が不一致ということである。

学生は、「学生部長は歯切れよく応答する権限がある」と思っているが、本人の学生部長は自分の権限にも責任にも期待するものがはっきりしていない。「法人と学生集団の間をとりもつメッセンジャー」という程度の役割・期待であったのだ。

これからのカウンセリングは、人間の心理的な関係（Personal Relation 例：友人、親子など）だけでなく、役割関係（Social Relation 例：理事長・学長・学生部長の関係）が研究対象になると考えた。組織が機能しないと学校・学級崩壊になる。

すなわち教育においては、心のふれあいが育つような組織づくり（学校づくり）が必要である。カウンセリングは組織（学校）の機能を援助できる知識体系（例：役割理論）と、技法体系（例：チーム支援）を有さねばならない。この思いはその後、教育カウンセリングやガイダンスカウンセリングの概念を提示するときの私の支えになった。

権限と責任（しようと思えばしてても許容されることは何か、嫌でもなすべきことは何か）の明確化の原理のほかに、もう一つ気づいたことがある。責任の遂行を期待するのならば、責任に見合うだけの権限を有さない役割は課さないことである。私は大学を代表して団交に臨む責任はあったが、私の判断で即答できること（権限）はなかった。

学生が問うた。「大学が郊外に移転すると聞いたが、いつごろ移転するのか」

私はしかるべきポストの人に聞いたが、「そんな計画はない」と言う。「移転計画はないそうです」と学生に伝えると、彼は校舎の工事現場の写真を示して、「こんなことも知らないで学生部長が務まるのか」と迫ってきた。

これに類することはほかにもあった。どの範囲まで情報が共有されているのか、どの事柄については即答する権限があるのか。それを明示しないまま役割を定めても、組織は機能しない。すなわち、「責任と権限の対応化の原理」である。

後年、私は組織をマネジメントする仕事についたが、各部所の長に権限を委譲するよう心がけてきた。学校経営でも教育行政でも、原理は同じである。

(2)「陣頭に立つ勇気」と「ヒューマニティ」

最後に、大学紛争中に感動した場面を二つ語っておきたい。

あるとき、学長（石田英一郎）が、「全学生と対話集会をもちたい。教授会メンバーは全員壇上に座ってほしい」と要請された。しかし教授会は、全学集会には法人の役員が出るべきだと抵抗を示した。すると学長は、「わかりました。では私一人で行ってきますから」と講堂に赴かれ、一人で対応された。

私とは異なり、学長は権限も責任も明確であるから、歯切れよく、熱気のある応答をしておられた。組織の長は超自我対象であるから、旗幟を鮮明にして陣頭に立つ勇気がなければならないと学んだ。

もう一つ、いまも感謝し、見習っていることがある。

大学紛争が機動隊の導入で一件落着した直後、私は法人に辞表を提出した。これを受け取った理事は、大学紛争中、教授会と理事会の対立時の私の交渉相手であったが、私にこう諭された。「國分さん、こういうどさくさのときに辞表など出すべきではない。それからこの辞表のことは人に言わないほうがよい」

あのとき辞めていれば、無職のままの求職活動になったはずである。無職の人間を採用してくれる大学はあまりない。無職にならなかったおかげで、フルブライト交換研究教授に採用されたし、東京理科大学教授への道も開かれた。

かつて敵役であった青年助教授の私に、武士の情をかけてくださった理事は、宗教心理学の山脇国利教授であった。組織人に堕さないヒューマニティを私は見習いたいと思いつつ、今日に至っている。

2　サイコエジュケーションとしての講義

東京理科大学では、二つの事柄が私のカウンセリング観を広げてくれた。その一つは、授業そのものがカウンセリングになるという発見であり、もう一つは宿泊制エンカウンターのプログラムの誕生であった。

(1)心理学者にならない人々に喜んでもらえる授業を！

私は当時（一九七六〜八九年）、理工学部、理学部工学部Ⅱ部、理学部Ⅱ部で授業を担当していたので、同じ科目を一週間に最低五回、年度によっては七回話すのが常であった。話すたびに定義を吟味し、例を変え、トピックスの順序を変えるなどの工夫をするので、最終回には満足のいく出来栄えになっていた。しかも同じことを七回も繰り返すとセリフを全部暗記する。原稿執筆もペンがすらすら走った。

特に理学部Ⅱ部は「もぐり」の学生が多くて、これが私のヒントになった。どうやら学生が、下宿の仲間や高校時代の友達に、「國分の授業はためになる」と語るらしい。私の授業が人生問題の解決の役に立つというのである。

またあるときは、清掃の作業員が「先生の講義はいいですね。いつも廊下をゆっくり掃きながら聴いていています」と告げてくれた。

一般教養や教職教養など、「将来心理学者にならないであろう人々に喜んでもらえる心理学の授業、その日本一をめざそう」と、私は思うようになった。

そのため、授業の内容や方法、期末試験などを工夫改善した。その後気づいたが、私はサイコエジュケーションの研究授業を自作自演していたのである。

私の講義や講演を「國分節」と評する人もいるが、これは少し軽い評であると私には思われる。私は下記に述べる七つの原理で講義を組み立てている。

(2) 講義を組み立てる七つの原理

①自己を語る

ある理論、ある人物、ある事象を紹介・解説・通訳するのではなく、ある理論・人物・事象を介して自己を語ること。カップ酒を飲みもしないでその紹介はしない。

この原理は、師匠・霜田静志に私の美術教育の論文を贈呈したとき、「美術教育をしたことのない人間が美術教育を論じてもしょうがない」と軽くいなされたことに起因する。

②定義を明示し、必要に応じて操作的定義を加える

「カウンセリングとは生き方を検討する会話である」と定義したあと、生き方とは「言動の選び方の原理のことである」と具体的に（操作的定義）説明する。事典などを引用せず自分のイメージを言語化するので時間がかかる。

「面白くて、ためになり、かつ学問的背景のある講義」には、定義の明確化が不可欠である。

③主要概念をビジュアライズさせる例をあげる

抽象的な講義は専門家には通じるかもしれないが、一般人にはピンとこない。ピンとこなければ行動の変容（サイコエジュケーション）は起こらない。そこである概念（例：エンカ

ウンター、コンフロンテーション）を語るときは、その概念を具象化している例をあげる。原則として自分の体験の中に適切な例を探す。見当たらないときは人の例を思い出す。それでも見当たらないときは小説の主人公などを思い出す。それでも見当たらないときは「たとえ話」を考える。

それゆえ、ワークショップや学生相談、授業などでこのような作業を体験していると、講義も心揺さぶるものになりやすい。

④「どう対処するか」をつけ加える

学問（知識体系）を伝える講義と異なり、生活に役立つように学問を語るときには、「ではこれにどう対処するか Coping Behavior」をつけ加えること。事実と概念の記述だけではガイダンスにならない。老婆心が必要である。

例えば、「社会化とは現実原則の学習である」と締めくくるだけではサイコエジュケーションにならない。「私が分析料を払えないとき、分析者は無料にはしなかった。私に翻訳を手伝わせてそれを分析料に替えてくださった。金がないからといって、無料にしてくれるほど世間は甘くない。この現実原則を私は学んだ」と締めくくると、現実原則学習のハウツーがわかる。

⑤聴き手のボキャブラリーを手がかりにして語る

例えば、エンカウンターを知らない人にいきなりエンカウンターという言葉で語りかけない。教育相談とか生徒指導など相手になじみのある言葉を引用して、それとの異同やメリットを比較する方法で導入するなどの工夫が必要である。

⑥聴き手の心理に応える話の順序立てを考える

学問を伝える講義は、それぞれの学問の体系にそって話を進めるが、サイコエジュケーションとして学問を語るときは、聴き手の身になって話の流れ（Structure）を組み立てること。例えばカウンセリングを語ると、聴き手のなかには「僕はカウンセリングを受けるほどダメ人間ではない」と抵抗する人もいるだろう。

それゆえ、対象と目的は冒頭のトピックにしよう。カウンセリングを受けようと思う人は、費用や回数や効果のほども知りたいはずだ。これにもふれよう。こんなぐあいに心のなかで、聴衆と対話しながら進め方を考える。

⑦講義や講演やスピーチのメンタル・リハーサルをする

ぶっつけ本番のスピーチは贅肉が多くなり、要旨も不鮮明になりがちである。それゆえ、五分ほどのあいさつでも心のなかで何回も練習し、要旨・例・話の順序・視線などの非言語を工夫・調整する。うつむいてノートを読むのではなく、聴衆を見て語りかける話し方をすると、サイコエジュケーションの機能は高まりやすい。

以上が、東京理科大学の教授時代に身につけた、ガイダンス風のコミュニケーションスキルの原理である。これが後年、「授業型カウンセリング」「ガイダンス・カウンセリング」を提唱するときの私の支えになった。

ところで、私が「授業型カウンセリング」に執念を燃やした動機は、「もぐり」の学生からヒントを得たということのほかに、もう一つある。

あるとき講師控室で、ある教授から「國分さん、次の時間、何を教えるの？」と聞かれたので、「人間関係論です」と答えた。するとその教授は、「大学で人づき合いのことまで教えるようになったか。ある大学ではオムツの交換の仕方まで教えているそうだ。大学も堕落したものだ」と嘆いたのである。「ところで先生は何を教えておられるのですか」と私は問うた。「流体物理学」と厳かな声で答えた。

私は心のなかで燃えた。「流体物理学など知らなくても、子育て・介護・職場の人間関係で困ることはない。生活の役に立つ学問を恥じることはない」と。

３　エンカウンター試行

話は前後するが、フルブライト交換教授としての渡米（一九七三～七四年）を終えて帰国したとき、持ち帰ったのが構成的グループエンカウンターである。これを一九七六年に東京理科大学教授になるやすぐに実施して今日に及んでいる。その経緯を語っておきたい。

(1)アメリカからエンカウンターを持ち帰った経緯

アメリカでは一九七〇年代、大学の一般教養の心理学に、エンカウンターの体験学習（週二回、一学期間）がセットされていた。しかし私がエンカウンターを日本に持ち帰ろうと思ったのは、ほかに二つの体験があったからである。

一つは、一九七二年に東京で国際心理学会議（International Congress of Psychology）が開催された折、上智大学で行われたワークショップである。小林純一教授によるアレンジメントで、プログラムのリーダーはマサリック氏であった。いま考えるとこのプログラムは、構成的グループエンカウンターであった。参加者は四十人くらいだったが、このプログラムの共鳴者で、いまもその路線を歩んでいる人は見当たらない。

このプログラムをアメリカでもっと知りたいと思った理由は、学生実態調査の結果にある。カウンセリングルームで「友達がほしいがつくれない」との相談が多いので、実態調査をしたところ、「友人が学内・学外に一人もいない」という学生が、全体の三割いたのである。どうすればよいか。わずか半日のワークショップではあったが、上智大学のあのプログラムを発展させてはどうか。

そういう問題意識があったので、フルブライト交換教授で渡米したときに、ベーシック（ロジャーズ式）とエスリン（ゲシュタルト療法式）の二つを見聞し、後者のほうが私の問題解決にはより有用だと判断し、日本に持ち帰った。

一九七四年当時、アメリカでは「構成的グループエンカウンター」という表現はなかった。その後、ガイダンス分野で著名なW・ジョンソン（ミシガン州立大学教授）が日本カウンセリング学会・日本学生相談学会の招待で来日し、講演を行った際、個別面接と対照的なプログラム志向のカウンセリングを「構成的グループを用いたカウンセリング」と紹介されたので、それに示唆を得てStructured Group Encounterと称するようになった。「ＳＧＥ」の略称を最初に使ったのは、筑波大学教育研究科カウンセリング専攻の大学院生たちであった。

この人たちが修士論文や学会発表で「SGE」を用いたので、普及定着したのである。

SGEとして花咲いたのは、一九八九年以降（筑波大学以降）である。その前（東京理科大学時代）は、「人間関係ワークショップ」と称していた。「エンカウンターワークショップ」と称さなかったのは、参加者の理解度（抵抗）を考慮してのことであった。

(2) SGE当初の未熟点

このワークショップはいまのSGEの源流だが、以下の七点において未熟なものであった。

①思想が弱かった――当時は「学生の人間関係を育てる」という目的が濃厚で、「生き方を研究する」という発想は二義的であった。

②理論的背景が弱かった――当時は精神分析、論理療法、ゲシュタルト療法の活用法を模索していた。

③シェアリングが弱かった――私はエクササイズの開発とその効用の研究に関心が強く、エクササイズを材料にしたシェアリングの発想が弱かった。当初はシェアリングという呼称もなく、途中から國分久子の発案で全体ミーティングを全体シェアリングに変更した。

④全体シェアリングへの介入の試行錯誤――今日の介入法の原型。介入法の実践研究は國分

久子によるところ大であり、介入のあとのシェアリングはいまのほうがていねいである。

⑤エクササイズ間のゆとりが少なかった――当時、私は次から次と息のつく間もないくらいのせわしさで、エクササイズを課していた。活気があってこれでよしと私は思っていた。いまはゆっくりと「感じたこと・気づいたこと」を吟味するSGEになっている。

⑥大学生対象のSGEは大人対象とは異なり、技術的にむずかしい――自我が大人ほどに育っていないので（耐性・柔軟性・現実判断）混乱しやすいように思われる。当時はその認識が弱かった。

⑦当時もいまも私は小中高生対象のSGEの実施体験がない――この分野は片野智治をはじめとする現場の教育指導者の実践研究と提言を、シリーズで出版してきた（図書文化）。

さて、このSGE発祥の地は八王子セミナーハウスであった。事務局を手伝ってくれたのは東京理科大学の学生（松澤秀則、益満孝一、瀬尾尚隆、本山伸一）、慶應義塾大学の学生（松尾陽子）、筑波大学の学生（諸富祥彦）、私どもの長女（留志）である。

SGE研究仲間の教授は西昭夫、菅沼憲二、國分久子（ともに千葉商科大学）、村瀬旻（慶應義塾大学）であった。

第9章　カウンセリングからカウンセリング心理学へ

筑波大学・東京成徳大学

筑波大学大学院教育学研究科が、日本で最初にカウンセリング専攻を開設したのは一九八九年であった。それが機縁で、私は一般教育研究（多摩美術大学・東京理科大学。一九六六〜八九年）から、専門教育研究（筑波大学・東京成徳大学。一九八九〜二〇一一年）に転身した。

この転身が私に好運をもたらした。それは教え子の大学院生たちが、不惑の年齢前後の大人であったことである。この院生たちは、人生の現実体験を踏まえての発問や問題提起をしてくれた。また学会発表も活発であった。

それを受けて私は、以下の三つの事柄について、自分の考えを練って院生に応えた。

「カウンセリング心理学とは何か」「カウンセリング心理学に哲学はなぜ必要か」「構

成的グループエンカウンターの本質とは何か」

本章のねらいは、上記三つの事柄への私の考えを、次世代の人々の研究のたたき台として提示することにある。

1　カウンセリング心理学とは何か

一般教育研究担当の時代は「面白くてためになり、かつ学問的背景のあるカウンセリングの授業」を心がけていた。しかし専門教育研究担当になってからは「面白くなくても、いま役に立たなくても、プロフェッショナルとして必要な知識は万遍なく伝えねばならない」と考えるようになった。

それゆえ、居眠りする院生を起こして「しばらく立ったまま僕の授業を聞いてほしい」と告げることもあった。専門教育は人の人生に関与するのに必要なことを学ぶのであるから、学ぶことは他者への責任である。いまもそういう思いがある。

では、カウンセリングのプロフェッショナルに必要な知識とは何か。抽象的にいえば、カウンセリング心理学である。それゆえ、私の関心はカウンセリング（生き方の支援・教育活動）から活動を支える知識体系（カウンセリング心理学）へと拡大・シフトした。

いまのところ私は、カウンセリング心理学を次のように定義している。

> 「カウンセリング心理学とは、人間の成長発達をヘルプするのに必要な、(1)事実の発見、(2)発見された事実の説明・解釈・概念化、(3)行動変容の方法と開発、を目的とする学問（知識・技法体系）である」（國分康孝）

以下、カウンセリング心理学の三つの構成要素をそれぞれ略説する。

(1) 事実の発見

リサーチのことである。「カウンセリング研究法」はカウンセリング心理学コースでは必須の科目である。研究計画を立てるのに不可欠の知識である（例：測定尺度の作成法、サンプリングの仕方、資料の分析方法など）。具体的には、質的研究（例：事例研究法）と量的研究（例：統計処理）の両方になじむことをすすめたい。

また、実験心理学（Basic Psychology）とカウンセリング心理学、学校心理学、臨床心理学など応用・実践心理等（Professional Psychology）のリサーチの異同にもふれてほしい（例：サンプリング）。

(2)発見された事実の説明・解釈・概念化

「SGEで自己肯定感が高まる（事実）」のはなぜかを説明するのに、「シェアリングで自分へのゲシュタルトが変わるからだ（「地」が「図」になるの意）」と答えるのは、ゲシュタルト療法の理論を用いての説明である。「日本人のクライエントはアメリカ人よりも治療者に対してへりくだったあいさつをする（事実）」のは、「甘え（概念）」によるという説明は、文化人類学の発想と思われる。

これらの例を用いて言いたいことは、発見された事実を説明・解釈・概念化するには、理論（概念の束）を必要とすることである。その理論とは、心理学、社会学、文化人類学にわたるものである。人間の行動に影響を与える主たる要因は、個体（心理学の主たる対象）、グループ（社会学の主たる対象）、文化（文化人類学の主たる対象）だからである。

具体的には、心理学的理論とは、カウンセリング諸理論（例：精神分析理論、自己理論、行動理論、特性・因子理論、実存主義的理論、論理療法理論、ゲシュタルト療法理論、交流分析理論など）を代表とするが、そのほかに、キャリア心理学、発達心理学、学習心理学の主要理論も含まれる。

社会学的理論としては、役割理論とスモールグループ理論（例：三隅理論、ブレーク＆ムートン理論）をあげたい。文化人類学の理論としては、「文化とパーソナリティの関係についての理論」（例：ベネディクト）をすすめたい。

(3)行動変容の方法の開発

これについては、折衷主義に立つ個人面接のモデル（例：カーカフのヘルピング方式、アイビイのマイクロカウンセリング方式）になじむ必要がある。

クライエントがカウンセラーの好みの理論・方式に合わせるのではなく、カウンセラーがクライエントの状況に適した対応をするという原理に立てば、折衷主義（例：アイビイのモットー、Which treatment to which individual under what conditions）にならざるを得ない。折衷主義の思想はクライエント・センタードである。個別面接の各論として、簡便法と内観法も体験学習しておくことが望ましい。

個別面接のほかに、もう一つなじむべき方法がある。それはグループアプローチである。

カウンセリングの特色は、予防開発を主たる目的とするところにある。それゆえ方法としては、集団を対象に能動的にかかわる方法を開発する必要がある。ソーシャルスキル教育、キャリア教育、構成的グループエンカウンター（ＳＧＥ：ふれあいのある人間関係）、人権教育、グループワーク、サイコエジュケーションなどがその例である。

したがってカウンセリング心理学は、方法・技法の開発については、面接志向とリーダーシップ志向の両方に関心をもつことになる。

私は大人の院生とのやりとりを介して、上述のような考えをつくっていった。その間たえず私の頭にあったのは、「周りの同僚教授の心理学（例：学校心理学、臨床心理学、発達心理学、産業心理学、キャリア心理学、社会心理学）と、私のカウンセリング心理学の相違は何か」ということであった。私はカウンセリング心理学のアイデンティティ（旗幟）を鮮明にしたかったからである。

私には日本の臨床心理士の臨床心理学は、「アイデンティティ拡散」にとどまっているように思われる。それに対する私の挑戦意欲は強い。

2　カウンセリング心理学になぜ哲学が必要か

心理学の専門教育研究に転じてから、「私は教育学出身のサイコロジストである」と意識するようになった。換言すれば、「私の同僚は心理学出身のサイコロジストである」との意識である。周知のように、ロジャーズは農学・歴史学・神学を経たサイコロジストであり、エリスは経営学から心理学に転じたサイコロジストである。

そこで私は考えた。私の過去を生かしたカウンセリング心理学を築こう。心理学出身者は実験心理学を通過している。教育学出身の私にとって、実験心理学に相当するのは思想・哲学である（例：ソクラテス、プラトン、ルソー、ペスタロッチ、カント、ナトルプ、フロム、ニイル、デューイなど）。私は哲学を導入したカウンセリング心理学を提唱しよう。そう考えた。哲学を導入する意義・必要性は何か。主な意義・必要性は三つある。

(1) カウンセリング実践には哲学が必要

心理学は実証科学である。カウンセリング実践の場でも、「Evidence-based Counseling」

という言葉がしばしば使われる。「科学的根拠のあるカウンセリングをせよ」との主張である。しかし、人生問題は実証科学だけでは解決できないことがある。

「私は生きている意味がない」と自殺願望を表明した強制収容所の仲間に、フランクルは説いた。「あなたのお嬢さんにとっては、あなたが生きているだけで『私には父がいる』という生きる力の源泉になっている」と。これは論理や事実を説明しているわけではない。フランクルの人生哲学を語っているのである。

哲学は科学と異なり、百人百様である。どの哲学が正しいかを議論できないから、一見頼りなさそうに見える。しかしその頼りなさそうな哲学を自分なりに有していないと、いざというときに手も口も動かないことがある。

あるとき、ある哲学の教授に問うた。「哲学にも折衷主義は可能でしょうか」。教授は即答した。「君、人生では理屈と膏薬はどこにでもつくよ」と。この教授の人生哲学のようであった。

私は師匠の霜田静志、クラーク・ムスターカス、アルバート・エリスの謦咳に接して感じたことがある。それは自分の人生哲学を育てるには、多様な思想・哲学書にふれることと、人生体験を介して自分で考えること、この二つが不可欠ということである。

(2) リサーチ実施上も哲学が必要

リサーチの骨子は「事実の発見」である。そこでまず問題になるのは、「事実とは何か」である。プラグマティズムの人なら「観察可能・測定可能な事象」と答える。実存哲学の人なら「各自の受け取り方の世界である（現象学的世界）」と定義するであろう。

すなわち、リサーチの前提には哲学がある。哲学があるとは、「真に存在するものは何か（存在論）」「その真に存在するものはどうして知りうるのか（認識論）」という二つの問いに、自分なりの答えが定まっているということである。

例えば、プラグマティズムに立つ人は、精神分析理論は統計処理を経ていないから、推論（解釈）の体系であり、科学ではないと考えるであろう。しかし科学哲学の人のなかには、統計は数字の世界であり、実態がない（例：一・八人という数字に実態はない）という人もいる。

ロジャーズは、「面接はアート、面接の効果測定は科学である」と言った。私の理解では、ロジャーズは現象学的実存哲学とプラグマティズムを共存・統合していたとなる。ムスターカスは、実践も研究も現象学的実存主義で一貫させていた。私はエリスのように、論理実証主義を軸にした哲学の折衷主義をとっている。

(3) 教授法にも哲学が必要

カウンセリングやカウンセリング心理学の授業の進め方にも、哲学が必要である。例えば、ムスターカスは実存主義を体系的に講義しなかった。自分の体験を語る、詩を音読する、マズローを語るなど、体で思想を感じ取る授業であった。「わかる」とは、体験的認識によって得られるという、実存主義の実践を見る思いの授業であった。

デューイの体験学習は、ムスターカスとは異なり、問題解決の体験学習であり、その骨子は「自分で考える」ことにある。それと対照的に、実存主義の体験学習は「感じ取る」授業である。

大学院における私の授業は、エリス風に教師中心主義で、知識体系をワンセットで伝える方式であった。デューイ方式(体験学習)ではなく、ヘルバルト方式(知識伝達)であった。

私が留学したアメリカの博士課程は、暗記志向の授業であり、体験的に私は「プロフェッショナル教育には知識伝達方式が有効だ」と思っている。ムスターカス方式は、自己陶冶の授業(例:グループエンカウンター、内観)に適していると思う。

3　構成的グループエンカウンターの本質とは何か

私は筑波大学に赴任するとき、東京理科大学で研究開発した、構成的グループエンカウンター（SGE）を持参した。院生のなかには、SGEを研究テーマにして、論文の執筆や学会発表をする人たちが少なくなかった。そのおかげでSGEの知名度は高まり、全国の教育委員会が教員研修でSGEを教えるほどになった。

ところが普及に伴う心配が生じてきた。自己開示を強制する人、SGEより忘年会のほうが効果的だという人、レクリエーション（ゲーム）と同義に解する人、SGEを体験学習していないにもかかわらずSGEを教えている人が散見されるようになったのである。職業倫理上、SGEの本質を明示し、SGEの実施要領（プログラム、リーダーの条件など）を標準化し、基本的な思想を開示しなければならない。そう思うようになった。

(1) SGEの本質——生き方と自己開示

SGEとは、求道者の集いである。求道者とは、自分の生き方を深めようと一念発起した人である。生き方を深めるとは、自分で自分の思考・感情・行動を吟味して選ぶ姿勢である。他者に迎合したり、他者に反逆したり、他者から逃避するという防衛機制に駆られがちな生き方から脱却して、できるかぎり自分のほんとうの気持ち（Authenticity）に忠実な人生を選択しようとの志を立てた人が、SGEでいう求道者である。

カウンセリング用語でいえば、「自己疎外 Self-alienation」の克服をめざす人が求道者である。実存主義用語では「Being is choosing の人」である。生きるとは、自己決定の連続であるとの覚悟を決めた人が、求道者である。

では、いかにして「自己疎外」が克服できるのか。いかにして「Being is choosing」の気概が育つのか。SGEでは「『自己開示 Self-disclosure』によってである」と答える。お互いに自己開示し合うことをシェアリングというが、SGEの本質はシェアリングにある。シェアリングには次のような作用がある。

①自分の現状・感情・ビリーフ・アクションなどを、言語および非言語で表現（自己開示）することによって、自分の実態が見えてくる（気づき・洞察・アウエアネス）。

②自分の自己開示を相手が受容してくれると、防衛機制が緩和するので、ふれあいの人間関係が生まれ、他者からの受容的態度を摂取して、自己受容が高まる。

③相手の自己開示にふれ、自分のビリーフが修正される（例：悩んでいるのは自分だけではない。怖そうな人でも、ほんとうは小心者である。自分もまんざらではない）。
④自己開示と自己開示の交流（ふれあい）は、孤立感・不安を解消し、自他肯定の生き方を育てる。

以上を要約すると、自己開示には、①自己発見、②他者発見（外界・世の中も含む）、③ふれあいを育てる機能がある。それゆえ、定型SGEワークショップの目標には、ふれあいと自他発見を掲げている。

(2) SGEの実施要項——枠づくり

悪意がなくても、SGEが人に心的外傷を与えるリスクはある。以下の場合がそれである。

・沈黙の権利を認めず、無理やりに語らせる。
・発言の自由を封じる介入をする。
・説明不足のため、レディネスのないまま作業を課する。
・カウンセリングの素養の乏しい人がSGEを取り仕切る。など。

そこで、SGEの実践研究や理論研究をしている教え子たちの協力も得て、次の枠を設けるようになった。やがて時代によって修正されるかもしれないので絶対的な掟ではない。

①ＳＧＥリーダーの条件

カウンセリング学習を経て、宿泊制ＳＧＥの体験学習と、ＳＧＥリーダーとしてのスーパービジョンを受けていることとした。

カウンセリングは人をヘルプする関係上、相手や状況を勘案して反応するという意図性(Intentionality)が強い。いっぽう、ゲシュタルト療法を源流とするＳＧＥには、本来意図性がない。「『いま、ここ』をホンネで生きよ、その結果は甘受せよ」と提唱する。

しかし、手心を加えない対応は他者を傷つけることがある。特に児童・生徒・学生対象のＳＧＥでは、心的外傷の予防に留意が必要である。そこでＳＧＥリーダーは、カウンセリングの意図性（アイビイのいう Intentional Interviewing）を学んでおく必要がある。

ＳＧＥを指導するとは、人に生き方を教えるのではなく（人に生き方を教えるほどに偉い人はいない）、自分の生き方を、必要に応じて語れる人になることである。そのためには、自分自身がＳＧＥを体験学習して、自分は何が語れるかを吟味しておく必要がある。

②ＳＧＥ実施の手順

わずか五分の実施も含めて、藪から棒にＳＧＥをさせないこと。まず、いまから何をするのか、何のためにするのか、リーダーはこのことについてどういう体験をしたか、そして最後に、「いまからすることについて、何か質問はないか」と確認し、納得したうえで実施する。納得はしたが参加したくない人には、見学者になるか、リーダーの助手になってもらう。そして課題の作業中でも、必要があれば介入する。課題完了後は、シェアリングで閉じる。

以上の手順を踏むことは、一人一人を大事にしているという姿勢の表明になる。これがグループをヒューマナイズすることにもなる。紋切り型のエクササイズの流れ作業にならないという意味である。それに加えて、リーダーがこの手順を踏んでいるときの立ち居振る舞いが、メンバーの模倣の対象にもなる。SGEの指導は、口でするものではなく、体（動作）で示すべきものである。

③SGEの理論的および思想的背景

SGEの初期のころ（一九七六〜八九年。東京理科大時代）、私たち夫婦は、SGEの理論構成を模索中であった。思想的基盤は実存主義、理論的ベースはゲシュタルト療法、そのくらいの枠組みのなかで、エクササイズの効果や効果に影響する要因などを解明していた。

その後（一九八九〜二〇一一年）、次のような考えにまとまってきた。SGEが最も中心にすえている理論は、ゲシュタルト療法である。

「エクササイズの遂行を介して、感情を伴った洞察が生じる。感情を伴った洞察とは『地と図』が入れ替わった瞬間である」――この理論をさらに効果あらしめるために、「エクササイズを通して、『感じたこと・気づいたこと』をシェアリングする」を私ども（國分康孝、國分久子、片野智治、吉田隆江、大友秀人ら）は追加し、その効果を実践研究した。

ゲシュタルト療法そのものは、アメリカ人のゲシュタルトセラピストに教わったことが役に立った。この理論をSGEとして実践展開するときの方法は、精神分析理論が役に立った。「文化的孤島」を人工的につくるのは、現実社会の通念（超自我）のプレッシャーを弱め、抑圧からの解放を促進するためである。しかし抑圧からの解放が放任主義になると、グループが快楽原則の支配する場になる（例：陰惨なグループ、わがまま放題の烏合の衆）。

そこで、自我機能（耐性・柔軟性・抑制力・現実感覚）を保持するために、「枠」を定めた。エクササイズの選択、参加者のエゴの成熟度を考慮する。配列の順番も考慮する。実施時間、グループサイズ、グループメンバーの男女の比率の指示、ペアリングの禁止など。これを「構成的 Structured」という。

また、作業中に介入すべきかどうかの判断には、メンバーの非言語的表現から、その意味の推論（例：不安、葛藤、罪障感）が必要である。そしてこの推論（解釈）をするには、精神分析理論の知識が不可欠である。特にこれは國分久子の持論である。

ＳＧＥでは、感情を語ることを要請する。思考を語ることを容認すると、知性化に堕するおそれがあるからである。しかし感情を語っているうちに、ビリーフ（思考）に気づくことになる。それゆえ「グループエンカウンターは、集団ヒステリーだ」といった冷笑は、イラショナルビリーフ（非論理的な思い込み）である。

私の考え方は、エリスの三位一体論（思考が変われば感情も変わり、感情が変われば思考も変わる。思考が変われば行動も変わる。行動が変われば思考・感情も変わるという理論）が支えになっている。またＳＧＥの最中に、個別面接を必要とする場面に臨むときには、簡便法として論理療法を用いている。

ＳＧＥの文化（風土）は、非審判的・許容的雰囲気であるが、これはロジャーズ理論の「受容」という概念に負っている。エンカウンター（ふれあい）は、コンフロンテーション（対決）と異なり、自己主張よりも受容が濃厚な概念である。いまのところ私がＳＧＥの理論としてあまり起用していないのは、行動理論、特性因子理論である。

以上の諸理論をＳＧＥの理論として一つの概念の束（Constellation）にまとめる枠が哲学である。ＳＧＥはどういう哲学で、複数の理論を一つにまとめようとしているのか。抽象的にいえば、実存哲学である。エンカウンターは、カウンセリングの第三勢力に属するからである。実存主義のなかでも、特に國分SGEの場合は、ムスターカスの思想である。

エンカウンターとは、
①相手の世界を共有する（ワンネス Oneness）
②相手の役に立つ（ウィネス Weness）
③自分を打ち出す（アイネス Iness）

がそれである。私はこれをまとめて「Courage to be（存在への勇気。ティーリッヒの本の題名）」、國分久子は「Being is choosing（生きるとは選ぶことである）」とSGEの哲学を表現している。

ゲシュタルト療法の創始者パールズの「ゲシュタルトの祈り（我は我なり、人は人なりの思想。個の自覚）」は、ムスターカスのアイネスである。そしてパールズの弟子タブスの「パールズを超えて（我あるは人とのリレーションによってこそ、の思想）」は、ムスターカスのワンネス・ウィネスであろうと思う。

私ども夫婦は、パールズとタブスをムスターカスの枠でとらえてSGEの指針にしている。

stage V　そして、今

ほんとうのスクールカウンセリングの実践をめざして

1995～2018年（64歳～）

◆第10章　教育カウンセリング全国組織の立ち上げ

1995～2018年（64歳～）

◆第11章　スクールカウンセリング関係団体の結集
——任意団体から社団法人へ

1999～2018年（68歳～）

第10章　教育カウンセリング全国組織の立ち上げ

一九九五年、文部科学省初等中等教育局長の通達で、日本のスクールカウンセラーは、臨床心理士、精神科医、臨床心理学の大学教員、このいずれかでないと正規採用されないことになった。筑波大学の私の教え子たちはカウンセリング修士を取得しているが、スクールカウンセラーの予備役（準スクールカウンセラーと称する）にしかなれない。カウンセリング心理学や学校心理学やキャリア心理学の教授も、正規のスクールカウンセラーになれないというのである。「臨床心理士だけがスクールカウンセラーではない」――この思いが、教育カウンセリングの全国組織の立ち上げへと向かわせた。

本章では、立ち上げの経緯、動機、教育カウンセラー協会のトレードマークである構成的グループエンカウンターの意義、養成講座について、私の持論を語りたい。

1　日本教育カウンセラー協会（JECA）立ち上げまでの経緯

私が臨床心理士主流のスクールカウンセリング制度に対して義憤に燃えているとき、図書文化社が『エンカウンターで学級が変わる』（一九九六年）、『育てるカウンセリング全書』（一九九八年）を出版した。これは私にとっての何よりの援護射撃であった。

新潟市の書店の店頭に『エンカウンターで学級が変わる』が平積みされ、それが飛ぶように売れるさまを目の前にしたのが、村主典英さん（後年の図書文化社社長）であった。村主さんは武者震いしたそうである。本書の編集担当は私の教え子で、図書文化社の入社試験の折に私が推薦状を書いた学生であった。これで私の株も大いに上がったわけである。

そこで私は、図書文化社の葭内善三郎社長（東京高等師範学校を経て北海道大学卒）に、厚かましいお願いをした。「私は『臨床心理士だけがスクールカウンセラーではない』という全国運動を起こしたいのです。つきましては貴社の一隅に机を一つ置かせていただけないでしょうか」と。葭内社長は、「複数の学会が連合するならＯＫです」と即答された。

次の週、「日本教育心理学会、日本キャリア教育学会、日本カウンセリング学会の理事長三人が合意しました」とお伝えすると、「では、早速詳細を打ち合わせる会議を開くといいでしょう。会場費は僕がもちます。茗渓会館がよいと思います」と、またしても即決。

そのあと、三週間に一度くらいのペースで、一九九八年十一月から一九九九年六月まで会議をもった。会議には、各学会から理事長のほかに、二人くらいずつ委員も合流した。

意見の対立はなかった。団体名がなかなか決まらず、図書文化社の清水庄八専務（後年の社長）の提案で、「日本教育カウンセラー協会（JECA）」と決定した。協会の設立・趣意書は私が起案したが、「文章をもっと穏やかにしてはどうか」という意見が多く、それを受けて相当マイルドに修正したが、それでも檄文の感ありであった。

「大体これでよかろう」となったのは一九九九年六月である。葭内社長はすぐに机と電話と事務担当者を用意してくださった。事務担当者とは称さず、「カウンセリング室長」という肩書きで、村主さんを指名してくださった。

私が「全国運動を起こしたい」と言ったとき、村主さんはすぐに、小冊子『育てるカウンセリング』を五万部印刷し、全国の希望者に無料配布してくださったので、「いざ出陣」となったとき、全国に志を共有する教職員のサポート態勢ができていたのである。私たちは好運であった。村主典英さん（一九五四年八月十三日～二〇一四年二月四日）は、NPO法人日本教育カウンセラー協会に全力投球してくださった、忘れ得ぬ人である。

2　協会設立の動機

協会設立の動機は一つしかない。それは、「心理療法家のスクールカウンセリングだけでは不十分である。予防・開発系の育てるカウンセリングの導入があって初めてスクールカウンセリングといえる」という理由である。

①スクールカウンセリングは一部の子どもだけでなく、すべての子どもへのサービスである。

②スクールカウンセリングは面接室内の面談だけでなく、教室・合宿・体育館などアウトドアでのガイダンスを主とするものである。

③スクールカウンセリングは対子どもだけでなく、大人による各役割同士の連携、組織づくりなど教育環境の創造にも関与する教育活動である。

④スクールカウンセリングは発達課題が主たるテーマになる。

⑤スクールカウンセラーという名称は臨床心理士の名称独占になっている。それゆえ、それと識別するために教育カウンセラーと称している。その本質はスクールカウンセラーである。

上記のビリーフを協会設立発起人は共有しているが、これらのビリーフにまとめるプロセスで私が学んだことがいくつかある。

一つは「ガイダンスカウンセリング」「システム」「ナショナルスタンダード」などの概念を、中野良顯さん（上智大学教授）に示唆されたことである。私のカウンセリング心理学の知識だけではカバーできない領域がスクールカウンセリングにあるという気づきである。

もう一つは、会議を要領よく進めるには、態度はエンカウンター（相互の自己開示）で、技法はカウンセリング（質問技法、要約技法、明確化）でということを体験学習したこと。

三つ目は、茨木俊夫さん（埼玉大学教授）に「國分さん、特攻隊方式にならないように」と要請されたことである。公共の場での私の感情論への抑止力になっている。

結論。みんなで協力し合って日本教育カウンセラー協会を育ててきた。これからの世代もそうしてほしい。

3　構成的グループエンカウンターの意義

私の見るところ、日本の臨床心理士はメンタルヘルスカウンセラーである。スクールカウンセリングはメンタルヘルスだけがテーマではない。したがって「これがほんとうのスクールカウンセリングである」というためには、メンタルヘルス以外にどんな問題がスクールカウンセリングにあるかを示さねばならない。そういう思いで、『教育カウンセラー標準テキスト』（初級・中級・上級の全三巻、図書文化）を刊行し、これに準じて養成講座のプログラムも設定した。このプログラムの中で、特に構成的グループエンカウンター（ＳＧＥ）は、本協会のトレードマークにもなっている。私としては、自分が開発に関与したＳＧＥを自分が要職にある協会の必須プログラムにすることについて、「若干の公私混同か？」という気がかりがないでもない。そこでこの際、私の考えを開示しておきたい。

私は教育でいちばん大事なことは、「教育者個人の質」であると思っている。中央教育審議会は「チームとしての学校」という概念を提唱している（二〇一六年）。これは教員の負担が減るように周りからヘルプする案である。しかし教員は厳しい状況の中にあっても、教員の質を高める意欲がほしい。高めたい質には、⑴態度の質、⑵スキルの質、の二つがある。

⑴態度の質を高める――自己開示能力を高める

態度の質を高めるには、ＳＧＥが有効である。私はそう言いたい。なぜなら、教育とは子どもの生き方を教育することが核になる。生き方を教育するとは、教員が自分の生き方を開示することである。すなわち、態度の質を高めるとは、教員の自己開示能力を高めるという意味である。教員の自己開示には、次の三つの意義がある。

①生き方の模倣になる

アメリカ留学時の私の指導教授は、私の目の前で銀行に電話し、預金の残高を聞いた。「○○ドルですね」と私にも聞こえる声で確認した。「来週出張なんだよ」と。人を信頼するとはこういうことかと実物にふれた思いであった。

日常生活でふとしたときに発するひとことが、子どもの人生に影響を与える。私のうだつの上がらない時代に「うだつの上がらないときは、満を持して放たずの気持ちで勉強することだ」と、師匠の霜田静志は体験を語ってくださった。自分を許容していない人は、自己開示が苦手である。

②子どもに自己肯定感を与える

霜田先生いわく、「君は頭のよいほうではないが、コツコツやっているうちに僕ぐらいにはなれるよ」と。子どもたちには「黒板を消してくれてありがとう」など、相手に対する自分の気持ちをオープンにする。すると子どもは他者に受容されたと感じる。他者からの受容を摂取して、自分が自分を受容するようになる。失愛恐怖は自己開示のさまたげになる。SGEは失愛恐怖を減少させてくれる。SGEは何を語っても否定されない場だからである。なぜか。人はそれぞれ好きなように生きる自由があるとの前提（思想）があるからである。

③親近感がわき、リレーションが深まる

「僕は子どものころ夜尿症だった」「私は子どものころ転校が多かったので友達がいなかった」と教員が自己開示すると、子どもは「先生も僕らと同じだ」と感じて近づきやすくなる。SGEではこういう類いの会話が多いので、「自分だけではない」という思いが自己開示へと導いてくれる。その結果、リレーションが深まる。

以上三つの機能がSGEにはあるので、人間味のある教育者になるために、SGEの体験をすすめたい。私は昔、品行方正・学術優等の青少年であった。あの時代の経験があるので、次のように推論する。このタイプの人間は自己開示ができず（他者に迎合的）、教師になっても子どもが寄ってこない（孤高）。面白味も人間くささもない教師になってしまうと。

⑵スキルの質を高める

人情味のある人柄の教員でも、スキルが貧困だと子どもを育てられない。

担任教師と生徒の交換ノートに、「いつ消えるかわかりません」と中二の男子が書いていた。ところが教師は「明日からの研修楽しみましょうね」と記して返した。これがスキル貧困の例である。その後、この子は自殺した。二〇一五年の出来事である。

教育カウンセラーの研修プログラムに入れてある主なスキルは四つある。カウンセリングスキル、コミュニケーションスキル、ソーシャルスキル、コーピングスキルである。学習の手順としては、SGEによる態度の学習が先で、その次にスキルの学習となる。

4　教育カウンセラー養成講座での私の持論

日本教育カウンセラー協会は教育カウンセラー養成講座（三日間六コマ）を本部・支部それぞれの主催で全国に展開した。私ども夫婦は七十代を全国巡回講義に投じた。さすがに八十代になると不定期出講となったが。この養成講座での私の主たる提唱は三つである。

(1) 教育者というアイデンティティ

生きる力の源泉は、アイデンティティであると私は思っている。アイデンティティとは、自分の役割に期待されている義務と権限の自覚のことである。

ベルリンの壁が崩れて東ベルリンの人々が西ベルリンに逃げるようになだれ込んできたとき、東ベルリンに留まった人たちがいる。それは病院の医師・看護師だ。「私たちは患者を捨てて逃げるわけにはいかない」。このビリーフは、「私は医師（看護師）である」とのアイデンティティに由来している。

それゆえ、生徒と葬式ごっこに興ずる教師や、「いじめられる君にも何か原因があるんじゃないか」と応じる教師には、「私は教育者である」とのアイデンティティが乏しいのではないかと言いたい。私はどの講義科目でも、「教育カウンセラーは治療者ではなく、プロフェッショナル教育者である」と提唱してきた。

プロフェッショナル教育者とは、教育を専門の職としている人という意味である。それは次の四つの諸条件を満たそうと、絶えず心がけている人のことである。

①対応策をたくさん身につけていること

思想・理念・願望だけでは、評論家にはなれるがプロフェッショナル教育者にはなれない。教育カウンセラーの特色は、多様な方法を学んでいることである。例えば、ＳＧＥ、Ｑ－Ｕ、ソーシャルスキル、サイコエジュケーション、キャリア教育、学級経営、シェアリング、介入、モデリング、指示、説明、対話のある授業、グループワーク、SGE式スーパービジョン、サポートグループ、チーム支援（連携、コンサルテーション、コーディネーション）、組織づくり（システム化）、ピア・ヘルピング（異年齢グループの活用）などである。

②複数の理論になじんでいること

どういうときに上述の諸技法が有効かを判断するには、経験のほかに理論的根拠が必要である。心理学、社会学、文化人類学などの分野にわたる理論になじんでおく必要がある。

③思想・哲学をもつこと

思想・哲学をもたないと技術志向・理論志向に堕してしまう。人間味のない、そつのない教育で終わってしまう。教育者は自分の生き方（人生哲学）を教育活動の中に示さないと師（メンター）にはなれない。「教育者たれ」とは「メンターたれ」という意味である。

④一人の人間であることを自己開示できること

メンターを志す教育カウンセラーは、一人の人間であることを、必要に応じて自己開示する誠実さを有すること。教諭や校長といった役割から抜け出した、Personとしての自分の生き方を表現できること。そうでなければ、それはプロフェッショナリズム（職業意識へのとらわれ）である。プロフェッショナル（専門職としての誇りのある人）は、燃える

Personal（ホンネの自分）を内に秘めてこそ、人の力になれるのである。

(2)心理療法とカウンセリングの識別

全国巡回講義での私の第二の提唱は、「心理療法とカウンセリングの識別をしたほうが、スクールカウンセリングは教育現場の役に立つ」という主張であった。ロジャーズ理論も日本の現行のスクールカウンセリング事業も、心理療法とカウンセリングを同義に解している。それはなぜ好ましくないのか。

心理療法ではこう考える。セラピストはクライエントに対し、①中立的であれ（自己をオープンにするな）、②解釈はよいが指示はするな（クライエントの自己決定をさまたげるな）、③受け取り方や行動の仕方を変えるのが主たる方法である（衣食住の面倒をみるなど生活そのものに介入するな）。

要するに、教育者もセラピストと同じように、中立的・受身的・個人面接志向で臨めと言っているかのごとく響く。現場の教育者がロジャーズや臨床心理士の提唱になじめない理由はここにある。

教育では能動的に生徒にかかわり、教育環境も整えて、折にふれ教育者が自分の考えや感情を開示しないと、教育にならないことが多い。つまり教育の役に立つカウンセリングは、心理療法志向の対応とは異なる。それゆえ、臨床心理学か精神医学専攻でなければスクールカウンセラーに正規採用されないのは、理論的にイラショナルである。これを全国行脚して、私は語り続けてきた。

(3)リーダーシップのある教育カウンセラー

全国行脚の講義で私が提唱した第三のことは、「教育（個性化と社会化）にはグループ体験が有効である。したがって、教育者にはリーダーシップが不可欠である」という主張であった。私の言うリーダーシップとは、「グループをまとめ、グループを動かしつつ、一人一人のメンバーへの心遣いもする能力」という意味である。

伝統的なカウンセリング（精神分析理論、自己理論、行動理論）では、個別面接が主軸であった。この方法のほかに、人間の成長発達を促進するには、全員が居場所があると感じるグループを育てる必要がある。居場所があるグループとは、安心して自己開示でき、その自己開示を受容してくれるグループのことである。なぜそれが教育に不可欠なのか。居場所のあるグループには、次のような機能があるからである。

①グループの文化（行動様式）を摂取して行動の変容・維持が活発になる。
②メンバーとの正直なやりとりが洞察（気づき）・自己肯定・他者理解のきっかけになる。
③グループへの所属感が孤独・不安を防ぎ、不登校・いじめの予防になる。
④グループ学習（シェアリングのある授業）は、メンバーを勉強好き・学問好きにし、学力も向上する。
⑤模倣や試行錯誤を通して、ソーシャルスキル（状況に応じた立ち居振る舞い）とエンカウンターの態度（自分を打ち出す勇気）を学ぶ機会・場面が多い。
結論はこうなる。教育カウンセラーは、面接技法のほかに、ぜひリーダーシップを学習してほしい。そのためには、ＳＧＥの体験学習が有効である。

日本教育カウンセラー協会が私に与えた影響は、「カウンセリング心理学を学校教育に役立つものにするには、どの理論をどういうときにどういう方法・技法として活用すればよいか」という課題を与えてくれたことである。アイビイの表現を借用すれば「Which theory to which group under what conditions by which method」を考える十九年間（一九九九年～二〇一八年現在）であった。

第11章　スクールカウンセリング関係団体の結集
――任意団体から社団法人へ

ＮＰＯ法人日本教育カウンセラー協会（ＪＥＣＡ）は、一九九九年の設立以来、文部行政や国会議員に対してロビー活動を続けてきた。その骨子は、「スクールカウンセリング事業を臨床心理士の独占業務とせず、スクールカウンセリングの専門資格を有するものが参加できる制度にしてはどうか」というものであった。

このロビー活動のプロセスで、「いくつもの団体が次々と同じ提案をされているが、これらを一つの窓口にできないものか」との要望があった。それに応えて二〇〇九年に設定されたのが、「スクールカウンセリング推進協議会」である。

その後六年かけて、目的・領域・方法（グランドデザイン）を吟味し、資格認定作業や研修会・シンポジウムを共有し、文部科学省の意向・要望・示唆も参考に討議を重ね、徐々に「われわれ意識」が定まってきた。そこで任意団体から「一般社団法人日本スクールカウンセリング推進協議会（JSCA）」へと転進した（二〇一五年）。

私はこの連合体の設立発起人の一人として、見聞したこと、感じたこと、気づいたことを、記録の意味も込めて記しておきたい。

1　趣意と領域と方法に込めた思い

⑴ほんとうのスクールカウンセリングの実践をめざして

この連合体の設立はきわめてスムーズに進められた。すなわち、次の六資格（学校カウンセラー、学校心理士、キャリアカウンセラー、教育カウンセラー、認定カウンセラー、臨床発達心理士）に関与する団体の代表者は、活発に討議はしたが対立はしなかった。各団体の利益ではなく、日本のスクールカウンセリングの目的と領域と方法を旗揚げしようとの共同体感覚が当初からあったように思う。

まず、名称について語りたい。「スクールカウンセラー推進協議会」ではなく、「スクールカウンセリング推進協議会」にしたのは、次のような志に由来している。

私どもは、臨床心理士をスクールカウンセラーの座から引き下ろす運動をしようとしているのではない。私どもの志は「ほんとうの」スクールカウンセリングを定義し、効果を実践的に実証するための全国教育運動の発起にある。そういう思いを込めた名称である。

「ほんとうの」school counseling とは何か。

「教育現場の役に立つ」という意味である。

教育現場の役に立つとはどういう意味か。

「すべての生徒を対象とした、学校ぐるみの、チームワーク方式の成長志向のカウンセリング」のことである。

すなわち、一部の生徒への個別支援に終始する治療志向のカウンセリングではなく、すべての生徒を対象に、グループを用いた体験学習や教育環境づくり（システムづくり、組織づくり、風土づくり）を行うカウンセリングのことである。

(2)「ガイダンスカウンセラー」という資格の認定

このようなカウンセリング活動を担当する教育のプロフェッショナルに、私どもは「ガイダンスカウンセラー」という資格を認定することにした。

当時（二〇一五年）の日本の制度では、文部科学省の要望で、臨床心理士、精神科医、臨床心理学教授以外は、正規のスクールカウンセラーとは称し得ない。そこで、スクールカウンセラーと同義の「ガイダンスカウンセラー」を資格名にした。

アメリカでは、ガイダンスカウンセラーとか教育カウンセラーの呼称は、スクールカウンセラーと同義である。ということは、「ほんとうの」スクールカウンセリングとは、「生徒指導（ガイダンス）」をベースにしたカウンセリングという意味である。

「ガイダンスをベースにした」とは、どういう意味か。次の三つの意味がある。

①ガイダンスとは教育方法の一つであり、治療法（サイコセラピー志向の意）ではない。

②ガイダンスは学校全体の教育活動である。教育関係者全員の連携活動である。

③ガイダンスは教育相談、キャリア教育、ソーシャルスキル教育、アセスメント、リサーチ、サイコエジュケーションなどを含む包括概念である。

したがって、ガイダンスカウンセリングはインタビュー（面接志向の支援）も含む、リーダーシップを要する教育指導である。この教育指導を支える主たる学問が、広義のカウンセリング心理学である。

ガイダンスカウンセラーのおもな仕事は二つある。一つは直接支援（direct service）、もう一つは間接支援（indirect service）である。

①直接支援……生徒に直接かかわる方法

例：構成的グループエンカウンター（ＳＧＥ）、スキル教育、キャリア教育、個別面接

②間接支援……生徒の人的環境づくりにかかわる方法

例：教師間の連携、教師の対処行動のルールづくり

本協議会の構成団体は、直接支援志向と間接支援志向のそれぞれ得手不得手があるが、この二型の支援については最低限のなじみをもつ必要がある。私はそう思っている。

(3) ロビー活動からの示唆

さて、ロビー活動のプロセスで示唆を受けたことがいくつかある。その一つが、資格取得の条件に、修士号を加えたことである。

ある行政マンがこう言った。「いまは教員でも修士号をもつ人が多い。教員の相談相手を務めるカウンセラーにも、修士号を要請するのが時代の流れではないか」と。

大学院レベルの勉強はプロフェッショナルの証になるだけでなく、概念化能力やリサーチの感覚が育つと思う。

ある国会議員は教えてくれた。「僕ら素人は、書類やレポート審査で取得できる資格より、筆記試験にパスした資格のほうを信用する」と。

「ガイダンスカウンセラーの資格を取得しても、定年退職後でないと使い道がないのでは」との声もあった。これは「相談指導教諭」の制度化で解決したいと、絶えずロビー活動のトピックにしている。制度化には年月がかかるとしても、ガイダンスカウンセリングは、自分のいまの職務に生かすことのできる知識と技法である。私はそう解している。

2　カウンセリングの「実践」から、「活動」のマネジメントへ

私は、日本スクールカウンセリング推進協議会（ＪＳＣＡ）の一般社団法人化の企画段階から、理事長として組織のマネジメントに専念するようになった。

昔、私はある教育庁に関与していたことがある。ある荒れた学校を調査してきた職員が、こう報告した。「一人一人の教職員は優秀でしたが、この人たちの能力が発揮できるようにオーガナイズする（まとめる）人がいませんでした」と。すぐに校長の交替があった。すると間もなく荒れが収まった。

そんなことが頭に残っていたので、私は次の三つを理事長としての課題にした。(1)私の任務、(2)各役割の機能、(3)組織の風土。それぞれについて以下の三つの方針を心の中に定めた。

(1)理事長（私）の任務――組織の存念になること

私は実務にあまり向いていない人間であるとの自己概念をもっている。また教育現場の体験は教育実習しかないので、机上の空論が主導する危険がある。そこで私にできることは、次の一つに尽きると決めた。

法人化するときに、構成団体が合意した事柄（目的、領域、方法、規約）を遵守する「超自我の機能」を果たそう。つまり組織の存念になろう。これは組織のアイデンティティを堅持する任務であり、理事長の任務としてふさわしいのではないか。そう思っている。

状況を吟味して柔軟に対応する「自我の機能」は、事務局長に一任しよう。事務局長は教育実習の経験はないが、教育現場の役に立つ書籍の編集で業績のある人物である。すなわち現場の課題のアセスメントと、そのあとの対応の原理を絶えず考えている。『エンカウンターで学級が変わるシリーズ』『教室課題対応全書』『育てるカウンセリング全書』（図書文化）などの編集がその証である。

私はこの事務局長（東則孝）と用はなくても雑談するようにしている。ラインとスタッフの役割・期待の一致度が、組織運営に成功をもたらすからである。ノルマンディー上陸作戦（ナチスドイツへの反撃）が奏功したのは、ラインの長のマーシャル元帥とスタッフ（幕僚）とのリレーションがよかったからだと、アメリカの経営学者、ドラッカーは言っている。私はこれまでにいくつもの組織に関与してきたが、その体験からもそう思う。

(2) 各役割の機能——権限と責任を分担方式に

組織とは「役割の束」である。役割とは「権限と責任の束」である。組織が機能するには、それぞれの役割（権限と責任）がお互いに明確になっていて、お互いにそれを了承し合っていることが必要である。私はそう思っている。

それゆえ、組織を構成する役割を小分けに分類し（委員会をつくり）、それぞれに「権限と責任」を分担してもらう方式にした。例えば、認定委員会には試験問題作成、試験の日時や会場の設定、採点法などを決める権限と実施の責任を期待するのである。「こうしたいが異議はないか」「こうしたいので了承してほしい」など、各委員会が「権限と責任」の範囲内で自由に動くので、組織運営はスムーズに進む。

(3) 組織の風土——役割を超えたパーソンとしてのふれあいを

組織は役割の束である。それゆえ組織の機能を活発化するために、役割関係（例：システムづくり、連携）に介入したくなる。しかし役割関係が円滑に機能するには、役割を担っている人間同士のパーソナルな関係（例：盃を酌み交わす、カラオケに誘う）があるに越したことはない。そのほうが仕事も楽しくなるからである。

無報酬で仕事をする法人の理事にとっては、仲間との共同作業が楽しいということは、ありがたいことである。私などは、理事会のある日はクラス会に出かける楽しさがある。ではどうすればパーソナルな人間関係のある組織になるか。私はシェアリングのある組織にすればそうなると思っている。会議でもワークショップでもシンポジウムでも、「自分の感じたこと・気づいたこと」を語る慣習を定着させることである。

組織は本来ラショナル（論理とエビデンスが基本の意）であるが、そこに若干のイラショナル（論理や事実にこだわらない私的感情の世界の意）を導入している組織文化を提唱したい。この提唱は、日本教育カウンセラー協会や日本教育カウンセリング学会での私の実践体験と見聞に示唆を得てのことである。

これは学会などの交流会や情報交換会など、社交の意味を込めた宴会とは異なる提唱である。すなわち、教育カウンセリングでは、子どもや教職員を生徒、教員といった役割だけで見るのではなく、一人の人間（a person）として見る姿勢が不可欠である。

同じように、法人の役員という役割を超えたパーソンとしてのふれあいが常在化している職場文化をつくりたい。こうした思いが私にはある。

3　日本スクールカウンセリング推進協議会の当面の課題

組織が成長発展するには目標を掲げることが必要である。松下幸之助は、「松下電器は人をつくる会社です。あわせて電気製品をつくっています」と外部に説明していたという。

私は「日本スクールカウンセリング推進協議会は、ガイダンスカウンセリングがすべての学校に普及・定着するのを願って活動している教育運動体である」と思っている。

この志を果たすために、とりあえず取り組むべき課題が四つある。当分の間、それらを提唱し、実現を支援するのが、理事長の私の任務であると自分に言い聞かせている。

課題①　ガイダンスカウンセリングの核

ロビー活動で指摘されるのは、「すべてのガイダンスカウンセラーに共通している能力は何か」である。「非社会的子どもの対応はできるが、反社会的言動への対応は苦手だ」「キャリア教育は得意だが、特別支援については門外漢だ」というのでは、現場の役に立たないのではないか、と。

「ガイダンスカウンセラー」というからには、その出身母体（例：学校カウンセラー、学校心理士、キャリアカウンセラー、認定カウンセラー、教育カウンセラー、臨床発達心理士など）を問わず、「何と何ができる」と答えられるのでなければ、現場は食指が動かない。

アメリカのスクールカウンセラーの世界では、カウンセリング心理学専攻出身者が主流だが、そのほかに、ソーシャルワークと臨床心理学出身者も加わっている。しかし、出身の学問分野を問わず、「スクールカウンセラーとしての仕事」は同じである。それゆえ、日本で私ども六資格の取得者も、「ガイダンスカウンセラーとしては」同じ仕事をする体制を設置する必要がある。

栃木・埼玉・千葉・東京のように、やがて各地方別に「ガイダンスカウンセラー会」ができ、勉強会やロビー活動が活発になると、おのずからガイダンスカウンセリングの核（コア）がはっきりとしてくると思う。これまでのリサーチからすると、キャリア教育、学級経営、SGE、ソーシャルスキル、チーム支援（コラボレーション・コーディネーション）、サイコエジュケーション、シェアリングのある授業などが、ガイダンスカウンセリングのコアになるのではないかと推論される。

要は教育現場がガイダンスカウンセリングに何を期待しているかをリサーチして、コアを決めるのが好ましい。

課題②　ガイダンスカウンセリングの効果の実証

ガイダンスカウンセラーを全国の学校が導入するためには、ガイダンスカウンセリングの効果を実証することである。

一つには、ガイダンスカウンセラーの有資格者が職務の中で活用して、周りの人々から「どうしたらそうなるの？」と教えを請われるようになることである。いわゆる口コミである。教えを請う人がいない場合は、研究発表することである。

私は、林純次著『残念な教員』（二〇一五年、光文社新書）の中で、構成的グループエンカウンターを「不登校に効果がある」と、好意的に紹介してあるのに感動した。周りの方々にその効果が知られるほどに、みんなが実証してくださったおかげであると思った。

ガイダンスカウンセリングの効果を実証するには、校長のビリーフを変えてもらうことである。「スクールカウンセリングとは、身の上相談や個別指導のことである」と思っている校長が多いように私には思われる。それゆえ、月に数回しか来校しないカウンセラーには、「個室を用意しておけばよい」と思ってしまう。これでは焼け石に水である。学校も学級も友達関係も変化しない。教員に助言しても、教員は忙しくなるだけということもある。

そこでスクールカウンセラーを導入する校長に、スクールカウンセラーの使い方（どんなサービスをしてもらえばよいのか）を知ってもらいたい。日本教育カウンセラー協会では、管理職対象の研修を開き、上記の仮説を検証している。日本スクールカウンセリング推進協議会のガイダンスカウンセラー会でも策を講じて、結果をご教示願いたいところである。

ガイダンスカウンセリングや教育カウンセリングの効果を実証する第三の方法は、埼玉県のさいたま市や熊谷市のように、学校ぐるみの実践研究をして、その効果を数量的に分析（単純な記述統計で可）する方法である。教育長が新しいスクールカウンセリングに理解があるとありがたい。ガイダンスカウンセラー会主催の行事に、教育長をお招きする案はいかがだろうか。日本スクールカウンセリング推進協議会本部主催の行事（例：シンポジウム）に、文部科学省の課長・室長に記念講演をお願いしているように。

課題③ ロビー活動

新しい分野を制度化するには、行政や立法や民間団体との交渉・協力・示唆が不可欠である。そう思ってこの二十年近く、日本教育カウンセラー協会や日本スクールカウンセリング推進協議会の渉外委員会の方々と一緒に、ロビー活動をしてきた。そこで気づいたことがいくつかある。

①主張点は一気に言い切れるようにする。贅肉を落として、いちばん言いたいことをひとことで煮詰める。衆議を集めて何回も練り直す。

②官をおそれない。官にこびない。官と協力して国民の役に立つ案をつくる、そういう姿勢で臨む。私欲を陳情する図をとらない。

③超党派の立場をとる。政権党との交渉が主になるが、日本スクールカウンセリング推進協議会のメンバーも、全国の子どもおよびその保護者も、それぞれ支持政党は多様である。それゆえ、日本スクールカウンセリング推進協議会は超党派の教育運動であるとの旗幟を鮮明にする必要がある。

課題④　教育カウンセラーとガイダンスカウンセラーの連携

私が頭の中で、しばしば気にしていることがある。ガイダンスカウンセリングに傾倒して、教育カウンセラーをないがしろにしないこと、である。

私はこの二つの資格をこう識別している。

教育カウンセラーは生涯にわたる発達課題を対象にしている。それゆえ学校の教員だけでなく、教育に関与する人が学ぶに値するものである。例えば、保護司、介護士、寮監、看守、ナース、自衛官、警察官、スポーツ指導者、教育事務職など。教育は学校だけに限られない。ところがガイダンスカウンセラーは、学校内に常駐する教育のプロフェッショナルが担当するので、教育カウンセラーよりも学校教育に特化している度合いが強い。教育カウンセラーは教員免許状は不要であるが、ガイダンスカウンセラーには必要である。

それゆえ私は、「ガイダンスカウンセラー」と「教育カウンセラー」の連携の仕方については、それぞれのこれからの社会貢献の様相を見て考えたい。実態に則して議論をすすめたい。

略称と団体名

JSCA…一般社団法人日本スクールカウンセリング推進協議会
JECA…NPO法人日本教育カウンセラー協会
JSEC…日本教育カウンセリング学会

終章 カウンセリング界の五十年、次の五十年
――私の経験した日本のカウンセリング界の到達点と始発点

本書の最終章は、まとめとして、私のフレームで見た日本のカウンセリング界のなし得たことと、これからなすべきであろうことを語りたい。

1 日本のカウンセリング界五十年の歩み

過去五十年の日本のカウンセリング界の歩みを、私の視点で整理すると次の五つになる。

(1)折衷主義
(2)カウンセリングモデルの定着
(3)論理療法・認知行動療法の普及

(4)グループアプローチの登場
(5)「育てるカウンセリング」という概念の始動

これを順に概説する。

(1) 折衷主義

日本のカウンセリング界の誕生を、とりあえず一九六七年(昭和四十二年)とする。日本カウンセリング学会設立の年だからである。当時は、ロジャーズ理論が全国を風靡していた。私が参加したワークショップで、あるメンバーが噛みついてきたことがある。

「僕らはずっとロジャーズを勉強してきたが、いまだによくわからない。ところが國分さんは、やれロジャーズだの、やれフロイドだなどと軽々しくおっしゃる。折衷主義って軽いんですね」

ある大学の先生はこう評した。

「國分さんのカウンセリングは、技術のカウンセリングだ。魂のカウンセリングではない」すると研修会の参加メンバーの一人が、「魂のカウンセリングを見せてくださいませんか」と詰め寄った。その先生は「見せられない」と答えたが、メンバーに追い詰められ「國分さん、僕はどうすればよいのでしょうか」と聞く。

この出来事のおかげで、私は折衷主義を日本に導入しようと強く思うようになった。

運のいいことに、中澤次郎教授（筑波大学）が学会公開記念講演に、一九八四年にアイビイ（マイクロカウンセリング）を、一九八九年にカーカフ（ヘルピング技法）を招かれた。これは私にとっては大きな援護であった。

私の見るところ、恩田彰教授（東洋大学）が、日本カウンセリング学会年次大会の実行委員長として、複数の学派を並列するプログラムをセットされたのが、折衷主義の公的登場ではないかと思われる（一九八七年）。

理論的には、澤田慶輔教授（東京大学）が一九五七年ごろ、折衷主義のフレームで編集された『相談心理学』（朝倉書店）を出版されたが、当時のカウンセリング関係者はあまり注目しなかった。なぜ折衷主義なのか、という自己主張が弱かったからではないかと、私には思えた。

しかしもっと大きな理由は、多くのカウンセリング関係者が、ロジャーズ一辺倒だったからと思われる。熱狂に近い状況であった。

(2) カウンセリングモデルの定着

折衷主義が受け入れられるようになったのは、アイビイやカーカフのカウンセリングモデルが活用されるようになったのが契機ではないかと思われる。私はすでに、アメリカでコーヒーカップ方式を学んでいたので、アイビイとカーカフの方式は、補足的に用いていた。カウンセリングを「問題解決の方法」と定義するなら、アイビイ方式、カーカフ方式は有用な支援方法である。

ロジャーズは、「問題（事柄）の解決」よりも「人柄（あり方）の変容」に焦点を合わせている。私の見るところ、人柄の変容は構成的グループエンカウンター（SGE）に継承され、問題解決は折衷志向のカウンセリングに委ねられるという図になっている。いまの私は、この説明でよいと思っている。ところで、特定の学派に固執しない折衷主義を提唱する人々は、実存主義か、プラグマティズムに立っている。

①実存主義：クライエントを理論に合わせるのではなく、クライエントに合った理論を選ぶ、またはつくる。

②プラグマティズム：効率がよく効果も高い方法を工夫する。

この二つの思想をフルに活用し、哲学的色彩の強い折衷主義として、私はエリスのREB

Tを紹介、提唱した。

③REBT：論理療法（Rational Emotive Behavior Therapy）。Rational とは、logical positivism（論理実証主義：論理と事実を究極の存在と考える哲学）のこと。

エリスは実存主義とプラグマティズムに論理実証主義も加えて、「ビリーフの修正法」を開発した。

(3)論理療法・認知行動療法の普及

日本で「論理療法」が普及し、定着したのは、日本カウンセリング学会の中村弘道理事長がエリスを学会にお招きした折に、「論理療法」という訳語を定着させてくださったことが大きいと思う。

また、東京大会（一九八七年）では中澤次郎教授（筑波大学）が、東北大会（一九九八年）では長谷川啓三教授（東北大学）が、それぞれエリスをゲストに招いてくださった。これらが論理療法普及の土壌をつくったと思う。

東京大会で、エリスの通訳を引き受けてくださったのが、石隈利紀教授（当時は院生、その後筑波大学副学長）であった（一九八七年）。東北大会（一九九八年）では、出村和子教授（弘前学院大学）および布柴靖枝さんたちが、通訳の労をとってくださった。「論理療法の導入と普及が、その後の日本のカウンセリング界で注目を浴びた」との坂野雄二教授のコメントを、ありがたく思っている（坂野雄二『認知行動療法』一九九五年、日本評論社）。

論理療法が日本で有用視されている理由は、次の三つと思われる。

①「思考・感情・行動の三位一体論」は、教育プログラム作成のフレームになる。

②立ち話程度の短い会話でも、簡便法として使える。

③カウンセラー自身が自分の問題を解くのに活用しやすい（自己説得に用いやすい）。

(4)グループアプローチの登場

ところで、日本に論理療法が導入され普及したのは、一九六七年〜八〇年代にかけてであったが、この時代は「個別面接＝カウンセリング」が主流の時代であった。

ところが一九八九年（筑波大学カウンセリング専攻設立年）以降は、学会でＳＧＥの発表が盛んになり、それが刺激になって、グループアプローチが注目されるようになった。片野智治のシェアリング方式グループスーパービジョン、河村茂雄のＱ－Ｕをベースにした学級づくり、清水井一の社会性教育などである。

カウンセラーはインタビュー能力のほかに、グループリーダーとしての能力も期待される時代が来た。

(5)「育てるカウンセリング」という概念の始動

こうなってくると、個別面接志向の心理療法とは様相を異にする、「教育カウンセリング」とは何かが問題となる。その本質をひとことで言えば、「育てるカウンセリング」である。心理療法家の「治すカウンセリング」の対照概念である。「育てる」という旗印のもとに、一般社団法人日本スクールカウンセリング推進協議会が創設された（二〇一五年）といえる。

以上、これら五つが日本のカウンセリング界の到達点である。そしてこの到達点は、次の五十年への始点でもある。

2　日本のカウンセリングの始点

いま、この始点に立って、私がいちばん願っていることは、「カウンセリング心理学専攻の博士課程の立ち上げ」である。それは、カウンセラーの養成指導のリーダー役をする「カウンセリング・サイコロジスト」を輩出する大学院という意味である。日本にはいまのところ（二〇一八年）、カウンセリング心理学専攻と銘打った大学院研究科はない。

私の提唱したい「カウンセリング心理学専攻」は、教育とか産業に特化したものではなく、どの分野にも共通する知識と技法の体系を教育研究する博士課程である。

私の描いているカウンセリング心理学博士課程のカリキュラムの大筋を、キーワードで記しておきたい。

①基本原理（目的、対象、扱う問題、方法、アドボカシー、哲学）

②基本理論（第一勢力・第二勢力・第三勢力にわたる主要理論および主要なカウンセリングモデル）

③基本技法（個別対応・集団対応におけるアセスメント、ストラテジー、インターベンショ

ン）
④基本体験（教育分析、スーパービジョン、グループエンカウンター）
⑤研究法（座学）とその実践（論文作成）
⑥専門基礎（哲学、社会学、文化人類学）

3　教育に特化した日本のカウンセリング二十七年の歩み

⑴「相談指導教諭制度」新設の呼びかけ

「教育に特化したカウンセリング」の日本での発足を、とりあえず一九九〇年五月七日として話を進めたい。この日は、日本カウンセリング学会理事長・澤田慶輔教授（東京大学）が、日本教育心理学会、日本進路指導学会（現・日本キャリア教育学会）に、「相談指導教諭制度」の新設を呼びかけた年月日である。

その後、原野広太郎教授が三学会の連携検討の座長を務め、一九九七年一月二十五日に、成案を文部科学省中学校課（現・児童生徒課）に提示した。しかし時すでに遅しであった。臨床心理士主流のスクールカウンセリング制度の検討が、一足先に始まっていた。

(2) ＪＥＣＡ誕生からＪＳＣＡ設立まで

そこで三学会（日本教育心理学会・日本キャリア教育学会・日本カウンセリング学会）の理事長・会長の三人（教心：高野清純、キャリア：吉田辰雄、カウンセリング：國分康孝）は、相談指導教諭の趣旨を継承した団体をつくることを合意した。それは一九九八年暮れから一九九九年初夏にかけてのことであった。

その団体が、ＮＰＯ法人日本教育カウンセラー協会（ＪＥＣＡ）である。私は相談指導教諭の仕事内容の原案作成を原野教授に依頼されたことから、スクールカウンセリングについて少しレディネスがあった。それが役に立って、「教育に特化したカウンセリング」に深入りできた。しかし、何しろ教育現場の体験が教育実習の二週間だけであるから、「深入り」といってもイマイチである。

その後、日本教育カウンセラー協会は他の六団体と連合して、「一般社団法人日本スクールカウンセリング推進協議会（ＪＳＣＡ）」の構成団体にもなった（二〇一五年）。

(3) ガイダンスカウンセラーの仕事とは

私の見るところ、この時点で「教育に特化したカウンセリング」の実像がはっきりしてきた。すなわち、次の三つの特色が見えてきた。

①グループアプローチ
②ガイダンスカリキュラム
③学校ぐるみ（連携・チーム支援・システムづくり）

その結果、私は臨床心理士やソーシャルワーカーとの識別を、はっきりさせやすくなったと思っている。すなわち、

○臨床心理士……臨床的問題（例：ＰＴＳＤ、うつ状態、薬物依存、摂食障害）に対して、臨床心理学的方法（例：睡眠療法、箱庭療法、イメージ療法、夢分析）で支援する。
○ガイダンスカウンセラー……教育的問題（例：学業、進路、交友関係、健康）を、教育的方法（例：ガイダンスカリキュラム、チーム支援、コラボレーション、個別指導）で支援する。
○ソーシャルワーカー……現実・生活問題（例：貧困、虐待）を、物理的・環境調整（例：施設入居、経済援助、里親）で支援する。

各職種が連携してチームワークを進めるためには、それぞれの仕事への役割・期待の一致（congruence of role-expectation）が不可欠である。そのためには、臨床心理士、ガイダン

スカウンセラー、ソーシャルワーカーの仕事の相異を明らかにしておく必要がある。

(4)今後の課題と提唱

現在（二〇一八年）、日本のスクールカウンセリングの先陣は、二十七年かけてここまで到達した。この到達点を始点にしたとき、まず私の頭に去来するアイデアは次のようになる。ガイダンスカウンセリングも含めて、カウンセリングと名のつく作業は、他者へのサービスである。この他者へのサービスを提供する人間（ガイダンスカウンセラーや教育カウンセラー）には、どういう条件が不可欠で、その条件はどのようにして身につくものなのか。この問いに日本教育カウンセラー協会も日本スクールカウンセリング推進協議会も答えるという課題がある。

私は以下のような提唱をしたい。

例えば震災時には、教員も生徒や保護者と同じ苦難のなかにある。しかし教員は他者にサービスする任がある。自分の問題は自分で解いておかないと、他者をヘルプする余裕は出てこない。これは平時とて同じである。例えば教員自身の父親への憎しみを解決しておかないと、生徒の父親との面談が苦手（例：無愛想）になる。

日本教育カウンセラー協会や日本スクールカウンセリング推進協議会はこれまでに、多様な対応方法を開発してきたが、これらの方法を駆使するときには、サービスする側のパーソナリティが介入してくる。例えば他者を受容できないパーソナリティは、受容というスキルが使えない。

カウンセラーのパーソナリティの条件として、これまでに「共感性」「洞察力」「自己一致」「科学的センス」などが提唱されてきた。いずれも一理ある。カウンセリングの目的（例：リレーションシップ療法、洞察療法、行動療法）によって、カウンセラーの人柄の力点が違ってくると思うからである。

では、「教育の専門家 professional educator」としての教育カウンセラーやガイダンスカウンセラーのパーソナリティ条件として何があげられるのか。

(5) 凛として生きる

教育者は生徒の模倣の対象、依存の対象である。それゆえ、凛として生きねばならない職業である。凛として生きるとは、「生・老・病・死」という人間に共通の問題に、自分なりの腹がまえを定めているという意味である。

私が二十代のころ、師匠の霜田静志に「先生のように人の悩みの相談に応じている人は、自分の悩みをだれに相談するのですか」と問うたことがある。すると、「國分君、人の相談相手になる人間が自分のことを自分で始末できないでどうする！」と厳しく問いただされた。「自分のことは自分で始末する」とは、いまの私の考えでは、人類共通の問題に対して、認知・感情・行動を定めておくことである。これが定まっていると、いざというとき（例：クライシス）、右往左往しないですむ。それが凛という意味である。

では、どうすると腹が定まるか。私の経験では、他者とのシェアリング（エンカウンター）である。

構成的グループエンカウンター、教師サポートの会、ピア・グループ・スーパービジョンなどが有効である。心理療法家の教育分析に相当するのが、上述のグループ体験である。ふれあいのあるグループ体験は、認知や感情や行動に関する模倣・気づき・試行錯誤の場が多いので、自分のあり方を吟味するのに有効である。

私が、教育カウンセラー養成カリキュラムに、構成的グループエンカウンターを必須科目としているのは、それがカウンセラー自身の生き方を吟味する体験になるからである。

4　カウンセリング道程の中締めの所感

これまでのカウンセリング道程での私のわらじは、「書く」と「話す」であった。最終項ではそれぞれのわらじについて、自分のまとめをしておきたい。

(1) 著　作

私は手紙のように執筆していた。それは書かずにおられないパッションに駆られたからである。パッションとは、私の場合は、公憤（義憤）、私憤（残念さ）、老婆心（救助願望）、報恩（心的借金返済）が主たるものであった。

義憤の例は、「カウンセリング専攻の修士号では、スクールカウンセラーのスペアにしかなれない現行制度」。私憤の例は、「國分君、君はカウンセリングができるのか」と、ロジェリアン教授にディスカウントされたこと。

救助願望とは、恋愛や性格で悩んでいる学生に、知恵か体験をアドバイスしたいといった親心のことである。

報恩とは、私のような、兄弟姉妹の多い子だくさんのつましい家庭の息子が人並みの人生を歩めたのは、人様の情けのおかげである。それゆえ、学習したことは全部オープンにして、庶民の役に立つようにしたい、そんな思いのことである。

著作のタネがつきないのは、周りの人々（教師、学生、親、一般社会人）の抱えている問題にふれるという方針だったからだと思う。人の役に立つ著作、つまり「面白くてためになり、かつ学問的背景もある本」をめざしてきた。それゆえ、文体は私の母（義務教育修了）が読めるもの（新聞レベル）を念頭に執筆してきた。今後もそのつもりである。

(2) 講演・スピーチ

私は物理的には一方的に話しているが、気持ちは聴衆と対話しているトーンを大事にしてきた。それゆえ、聴衆の顔を見ながら話すことになる。そのためには、話す内容を心の中で何回もリハーサルして、その骨子は暗記する方式をとる。ただし忘れる不安があるので、メモは用意してある。

シンポジウムのコメントは事前に準備できないので、現場で聴きながら、要約技法、解釈、支持、対決、自己開示などのフレームで話題提供者の話を整理し、メモにする。この感覚は、カウンセリング・セッション時のカウンセラーの気持ちである。即席のスピーチゆえ上手に話せないかもしれないが、それはやむを得ないと、エリス風に腹をくっている。

スピーチの場合でも、コメントの場合でも、私は説得的に話す。事実の記述（informative）、事実の説明（explanatory）は、聴衆へのインパクトが弱いので、私は説得的（persuasive）に語るようにしている。時代を拓くのだ！　と自分に気合いをかけている。

(3)「書く」「話す」の共通項

私は書くのも話すのもあまり苦にならない。たぶんそれは、次の三つの習慣を運よく身につけたからだと思う。

一つは、取り上げたい事柄と隣接の事柄を比較して「似ているところと異なるところ differences & similarities」を吟味する習慣。事柄の本質をつかむのに有力な方法である。

第二は、定義を明示する習慣。なるべく辞書・事典の定義ではなく、自分の実感のある定義（例：エンカウンター＝自分の頭のハエを払う作業、カウンセリング＝人の頭のハエを払う作業）を考える。第三は、話を抽象レベルから具象化（ビジュアライズ）するために、自己開示をためらわない習慣である。

あとがき

私ども夫婦の八十八年の人生をひとことで表現するとこうなる。「縁ありてこその八十八年であった」。本書がその典型例である。

昔の学生が私ども夫婦の米寿の会をしてくださることになった。その話を耳にされた図書文化社の福富泉社長から記念出版を引き受けますよと声がかかった。本は連載原稿をまとめてはと仲間の理事が交渉。編集作業は昔の学生が、俳優のメークでぐっとルックスが輝くのと同じで、拙稿の表現方法などを工夫してくれたのでぐっと見栄えがよくなった。リーガロイヤルホテル東京での当日（二〇一八年五月二〇日）の祝賀会の段取りも、日本教育カウンセリング学会（ＪＳＥＣ）と日本教育カウンセリング協会（ＪＥＣＡ）の両方の理事を兼ねている昔の学生がとり仕切ってくれた。

私ども夫婦は、昔の学生たちが恩義を感じるようなことを特にしたわけではない。たぶん、國分の普段の言動が救助願望を惹起させたのではないか。例えば、「臨床心理学出身者はスクールカウンセラーになれるが、カウンセリング心理学出身者はスペアだ。俺は義憤に燃えている」と開示すれば、「では助けてやろう」となる。居酒屋に入っても、「俺はビール何本とかおでん何人前とか注文するのが苦手なんだ。金は俺が出すから注文はだれかしてくれ」と言えば「それなら私が」となる。こんなぐあいで縁は育っていった。

私ども夫婦はこのように多くの方々のストローク（ご縁）を得て今日までやってこれたが、不義理の連続のまま高齢期を迎えた。いまはもうムスターカスもエリスもファーカーも霜田もそして村主典英さんもいない。私ども夫婦はヤング世代に伝えたいことを伝え終えたい。それが報恩と解している。伝えたいこととは本書がその例である。巻末の著作リストもそれである。

ところで老婆心ながら、これからは夫婦で共同作業する方々がふえるであろうから、今回の私ども夫婦の著作ストラテジーを記録にとどめることにした。執筆者の國分康孝は、監修者の國分久子に、次の四点について、私の自己盲点を指摘する役を依頼した。

(1)根拠・事実・理論を踏まえているか。これはエッセーにならないための要請であった。
(2)抽象論に偏っていないか。具体例をあげてビジュアライズするとわかりやすくなる。
(3)キーワードの定義はあるか。これを考えることは、思考を深めるのに役に立った。
(4)ささやかな歴史を記すつもりゆえ、固有名詞の引用は、失念しないようにチェックする。

おかげさまで夫婦の共同作業はここに完了した。連載の企画をしてくださった池場望・JECA前広報委員長、編集担当の菅原佳子さん、図書文化社の福富泉社長、東則孝さん、渡辺佐恵さん、宮澤知果さん、フリー編集者の辻由紀子さんのおかげで本書がある。心から感謝申しあげたい。

二〇一八年五月二十日

國分康孝
國分久子

ご報告

國分康孝先生は、本書校了間際の、二〇一八年（平成三十年）四月十九日、満八十七歳でご逝去されました。

本書は、同年五月二十日に開催予定の國分康孝・久子両先生、米寿の祝賀会に向け、制作されたものです。そのため、二ページ目の手書きメッセージの日付は「May20, 2018」、あとがきの日付は五月二十日になっています。

國分康孝先生のご冥福をお祈りするとともに、先生のご遺志をを継ぐべく、一層精進してまいりたいと存じます。

編集部一同

◆國分康孝・國分久子のおもな著作（著・翻訳・編集・監修）二〇一八年四月現在

自己分析：精神分析は自分でできる　カレン・ホルネイ著／霜田静志・國分康孝訳　一九六一　誠信書房
子どもと教育（児童の理解　第3巻）　穐山貞登・國分康孝編　一九七〇　東洋館出版社
自己分析を語る　霜田静志・國分康孝編著　一九七一　誠信書房
学校カウンセリング　國分康孝・米山正信　一九七六　誠信書房
愛と憎しみの起源　I．Dサティ著／國分康孝・國分久子・細井八重子・吉田博子訳　一九七七　黎明書房
カウンセリングの技法　國分康孝　一九七九　誠信書房
教育心理学序説　西昭夫・國分康孝　一九七九　福村出版
心とこころのふれあうとき　國分康孝　一九七九　黎明書房
カウンセリングの理論　國分康孝　一九八〇　誠信書房
結婚の心理　國分康孝　一九八〇　福村出版
思春期の実存的危機　クラーク・ムスターカス編著／北見芳雄・國分康孝監訳　一九八〇　岩崎学術出版
エンカウンター　國分康孝　一九八一　誠信書房
カウンセリング・マインド　國分康孝　一九八一　誠信書房
教師の自信　國分康孝　一九八一　瀝々社
論理療法　A．エリス・R．Aハーパー著／北見芳雄監修／國分康孝・伊藤順康訳　一九八一　川島書店

〈つきあい〉の心理学　國分康孝　一九八二　講談社現代新書
〈自立〉の心理学　國分康孝　一九八二　講談社現代新書
カウンセリングと精神分析　國分康孝　一九八二　誠信書房
教師の表情　國分康孝　一九八二　瀝々社
女性の心理　國分康孝編　一九八二　福村出版
カウンセリング教授法　國分康孝　一九八三　誠信書房
教師の教師　國分康孝　一九八三　瀝々社
子ども時代の内的世界　F・Gウイックス著／秋山さと子・國分久子訳　一九八三　海鳴社
カウンセリングQ＆A―1　國分康孝・國分久子　一九八四　誠信書房
カウンセリングを生かした人間関係：教師の自学自習法　國分康孝　一九八四　瀝々社
リーダーシップの心理学　國分康孝　一九八四　講談社現代新書
心理学：Theory&Exercise　西昭夫・國分康孝・山中祥男・菅沼憲治編　一九八四　福村出版
神経症者とつきあうには　アルバート・エリス著／國分康孝監訳　一九八四　川島書店
カウンセリングQ＆A―2　國分康孝・國分久子　一九八五　誠信書房
チームワークの心理学　國分康孝　一九八五　講談社現代新書
マイクロカウンセリング　アレン・E・アイビイ著／福原眞知子・椋山喜代子・國分久子・楡木満生訳編　一九八五　川島書店

教師のカルテ　國分康孝　一九八五　瀝々社
カウンセリング・ワークブック　國分康孝　一九八六　誠信書房
カウンセリング今これから　内山喜久雄・原野広太郎・神保信一・荒井淳雄・國分康孝　一九八六　誠信書房
教師と生徒の人間づくり　第1集　國分康孝監修／縫部義憲編著／鳥取大学教育学部附属中学校著　一九八六　瀝々社
心を開いて生きる：カウンセリング・マインドとの出合い　國分康孝　一九八六　広池学園出版部
カウンセリングQ&A—3　國分康孝・國分久子　一九八七　誠信書房
学校カウンセリングの基本問題　國分康孝　一九八七　誠信書房
教師と生徒の人間づくり　第2集　國分康孝監修／縫部義憲編著／山口県大和町立大和中学校著　一九八七　瀝々社
結婚の心理　國分康孝　一九八七　三笠書房知的生きかた文庫
男性の心理　國分康孝・國分久子　一九八七　福村出版
心とこころのふれあうとき　新装版　國分康孝　一九八七　黎明書房
女性の心理　國分康孝編　一九八八　三笠書房知的生きかた文庫
教師と生徒の人間づくり第3集　國分康孝監修／縫部義憲編著／河内山廸男・西谷英明他著　一九八九　瀝々社
教師と生徒の人間づくり第4集　國分康孝監修／縫部義憲編著／竹内彩明他著　一九八九　瀝々社
カウンセリングマインド・人を育てる　國分康孝　一九八九　日本生産性本部
論理療法にまなぶ　日本学生相談学会編／今村義正・國分康孝責任編集　一九八九　川島書店
人間関係50の技術　國分康孝　一九八九　PHP研究所

カウンセリング辞典　國分康孝編　一九九〇　誠信書房
自分を変える心理学　國分康孝　一九九一　ＰＨＰ研究所
〈自己発見〉の心理学　國分康孝　一九九一　講談社現代新書
カウンセラーのための6章　國分康孝　一九九一　誠信書房
ヘルピングの心理学　ロバート・Ｒ・カーカフ著／國分康孝監修／日本産業カウンセラー協会訳　一九九二　講談社現代新書
構成的グループ・エンカウンター　國分康孝編　一九九二　誠信書房
人間関係がラクになる心理学　國分康孝　一九九二　ＰＨＰ文庫
人間存在の心理療法　Ｃ・ムスターカス著／國分康孝・國分久子訳　一九九二　誠信書房
恋愛の心理　國分康孝　一九九二　三笠書房
カウンセリング・リサーチ入門　國分康孝　一九九三　誠信書房
ヘルピング・ワークブック　ロバート・Ｒ・カーカフ著／國分康孝監修／日本産業カウンセラー協会訳　一九九三
日本産業カウンセラー協会
男性の心理　國分康孝・國分久子　一九九三　三笠書房知的生きかた文庫
「ふれあい」と「つきあい」の心理学　國分久子　一九九四　ＰＨＰ研究所
20代、自分に自信をつける心理学　國分康孝　一九九四　三笠書房
こころの科学58号：特別企画「学校カウンセリング」　國分康孝編　一九九四　日本評論社
ヘルピング・トレーナーガイド　ロバート・Ｒ・カーカフ著／國分康孝監修／日本産業カウンセラー協会訳　一九九四

日本産業カウンセラー協会
学校教育相談カウンセリング事典　高野清純・國分康孝・西君子編　一九九四　教育出版
自分を変える心理学　國分康孝　一九九四　PHP文庫
自己分析　新装版　K・ホーナイ著／霜田静志・國分康孝訳　一九九五　誠信書房
「なりたい自分」になる心理学　國分康孝　一九九五　三笠書房
カウンセリングトピックス100　國分康孝編　一九九五　誠信書房
ほのぼの家族のふれあい心理学　國分久子　一九九五　PHP研究所
教師の生き方・考え方　國分康孝　一九九五　金子書房
幸せをつかむ心理学　國分康孝　一九九五　ダイヤモンド社
自分をラクにする心理学　國分康孝　一九九五　PHP研究所
上司のための心理学　國分康孝　一九九五　生産性出版
心を伝える技術　國分康孝　一九九五　PHP研究所
人を育てるカウンセリングマインド　國分康孝　一九九五　PHP文庫
エンカウンターで学級が変わる小学校編　國分康孝監修／岡田弘編　一九九六　図書文化
エンカウンターで学級が変わる中学校編　國分康孝監修／片野智治編　一九九六　図書文化
カウンセリングの原理　國分康孝　一九九六　誠信書房
どんなことがあっても自分をみじめにしないためには　アルバート・エリス著／國分康孝・石隈利紀・國分久子訳

一九九六　川島書店
ふれあうことでやさしくなれる　加藤諦三・國分康孝対談　一九九六　図書文化
ポジティブ教師の自己管理術　國分康孝　一九九六　図書文化
愛育通信より　國分康孝　一九九六　瀝々社
学級の育て方・生かし方　國分康孝・河村茂雄　一九九六　金子書房
負けない自分をつくる心理学　J・デイムス／國分康孝　一九九六　三笠書房
保健室からの登校　國分康孝・門田美恵子　一九九六　誠信書房
「頼れる自分」になる心理学　國分康孝　一九九七　三笠書房
エンカウンターで学級が変わる小学校編Part2　國分康孝監修／國分久子・岡田弘他編　一九九七　図書文化
エンカウンターで学級が変わる中学校編Part2　國分康孝監修／國分久子・片野智治他編　一九九七　図書文化
スクールカウンセリング事典　國分康孝監修／石隈利紀・井上勝也・茨木俊夫他編　一九九七　東京書籍
教師の使えるカウンセリング　國分康孝　一九九七　金子書房
子どもの心を育てるカウンセリング　國分康孝編著　一九九七　学事出版
人生の愉しみと成功・5つの決心　アンドリュー・マシューズ著／田吉由芽訳／國分康孝解説　一九九七　三笠書房
人生を拓く思考革命　國分康孝　一九九七　広池学園出版部
範は陸幼にあり　國分康孝　一九九七　講談社
カウンセリング・マインド　國分康孝　一九九八　誠信書房

「いい結婚」ができる人できない人　國分康孝　一九九九　三笠書房
幸せをつかむ心理学　國分康孝　一九九九　ＰＨＰ文庫
「なりたい自分」になる心理学　國分康孝　一九九八　三笠書房知的生き方文庫
学級担任のための育てるカウンセリング入門　國分康孝　一九九八　図書文化

〈育てるカウンセリング全書〉

①育てるカウンセリング：考え方と進め方　國分康孝・上地安昭・渡辺三枝子・佐藤勝男編　一九九八　図書文化
②サイコエジュケーション：「心の教育」その方法　國分康孝・片野智治・小山望・岡田弘編　一九九八　図書文化
③児童生徒理解と教師の自己理解　國分康孝・杉原一昭・山口正二・川崎知己編　一九九八　図書文化
④授業に生かす育てるカウンセリング　國分康孝・福島脩美・小野瀬雅人・服部ゆかり編　一九九八　図書文化
⑤問題行動と育てるカウンセリング　國分康孝・田上不二夫・野中真紀子・國分久子編　一九九八　図書文化
⑥進路指導と育てるカウンセリング　國分康孝・木村周・諸富祥彦・田島聡編　一九九八　図書文化
⑦保健室からの育てるカウンセリング　國分康孝・坂本洋子・金澤吉展・門田美恵子編　一九九八　図書文化
⑧育てるカウンセリングが学級を変える・小学校編　國分康孝・河村茂雄・朝日朋子・品田笑子編　一九九八　図書文化
⑨育てるカウンセリングが学級を変える・中学校編　國分康孝・藤川章・大関健道・吉澤克彦編　一九九八　図書文化
⑩育てるカウンセリングが学級を変える・高等学校編　國分康孝・中野良顯・加勇田修士・吉田隆江編　一九九八　図書文化

アルバート・エリス：人と業績　J・ヤンクラ&W・ドライデン著／國分康孝・國分久子監訳　一九九八　川島書店
カウンセリング心理学入門　國分康孝　一九九八　PHP新書
崩壊しない学級経営をめざして　國分康孝・河村茂雄　一九九八　学事出版
論理療法入門　ウインディ・ドライデン著／國分康孝・國分久子・國分留志訳　一九九八　川島書店
心理学　セオリー&エクササイズ　西昭夫・國分康孝・山中祥男　一九九九　福村書店
エンカウンターで学級が変わる：ショートエクササイズ集　國分康孝監修／林伸一・飯野哲朗・簗瀬のり子・八巻寛治・國分久子編　一九九九　図書文化
エンカウンターで学級が変わる高等学校編　國分康孝監修／片野智治・岡田弘・加勇田修士・吉田隆江・國分久子編　一九九九　図書文化
エンカウンターで学級が変わる小学校編Part3　國分康孝監修／河村茂雄・品田笑子・朝日朋子・國分久子編　一九九九　図書文化
エンカウンターで学級が変わる中学校編Part3　國分康孝監修／大関健道・藤川章・吉澤克彦・國分久子編　一九九九　図書文化
ソーシャルスキル教育で子どもが変わる・小学校　國分康孝監修／小林正幸・相川充編著　一九九九　図書文化
学校カウンセリング（こころの科学セレクション）　國分康孝編　一九九九　日本評論社
実践サイコエジュケーション：心を育てる進路学習の実際　國分康孝監修／篠塚信・片野智治編　一九九九　図書文化
人間づくり第5集　國分康孝監修／縫部義憲・岡田弘編　一九九九　瀝々社

性格で損している人の人間関係の心理学　國分康孝　一九九九　講談社
論理療法の理論と実際　國分康孝編　一九九九　誠信書房
心を癒すふれあいの心理学　國分康孝　二〇〇〇　講談社+α文庫
養護教諭のためのカウンセリング入門　國分康孝　二〇〇〇　少年写真新聞社
エンカウンターで総合が変わる・小学校編　國分康孝監修／國分久子他編　二〇〇〇　図書文化
エンカウンターで総合が変わる・中学校編　國分康孝監修／國分久子他編　二〇〇〇　図書文化
エンカウンターとは何か　國分康孝・國分久子他著　二〇〇〇　図書文化
愛憎の起源　I・D・サティ著／國分康孝・國分久子他訳　二〇〇〇　黎明書房
心と感性を〝育てる〟エクササイズ　グロリアA・カスティロ著／國分康孝監訳・縫部義憲他訳　二〇〇〇　瀝々社
続・構成的グループエンカウンター　國分康孝編　二〇〇〇　誠信書房
自己分析第4巻（ホーナイ全集）K・ホーナイ著／霜田静志・國分康孝訳　二〇〇〇　誠信書房
エンカウンター・スキルアップ　國分康孝・國分久子他編　二〇〇一　図書文化
エンカウンターで学級が変わるショートエクササイズ集Part2　國分康孝監修／林伸一他編　二〇〇一　図書文化
エンカウンターで学校を創る　國分康孝監修／岡田弘他編　二〇〇一　図書文化
クラスでできる非行予防エクササイズ　國分康孝監修／押切久遠著　二〇〇一　図書文化
現代カウンセリング事典　國分康孝監修　二〇〇一　金子書房
構成的グループエンカウンターの原理と進め方　國分康孝・片野智治著　二〇〇一　誠信書房

授業に生かすカウンセリング　國分康孝・大友秀人著　二〇〇一　誠信書房
國分カウンセリングに学ぶコンセプトと技法―現場からの報告　國分康孝監修・著　二〇〇一　瀝々社
心を伝える技術　國分康孝　二〇〇一　PHP文庫
「いい人生」を選択できる心理学　國分康孝　二〇〇一　三笠書房
エンカウンターでイキイキわくわく保健学習・小学校　國分康孝・國分久子監修／酒井緑著　二〇〇二　図書文化
クライシス・カウンセリングハンドブック　カリフォルニア開発的カウンセリング協会編／國分康孝・國分久子監訳　二〇〇二　誠信書房
学級崩壊　國分康孝・諸富祥彦・河上亮一他著　二〇〇二　明治安田こころの健康財団
「なおす」生徒指導「育てる」生徒指導　國分康孝・國分久子監修／飯野哲朗著　二〇〇三　図書文化
カウンセリング教授法　國分康孝　二〇〇三　誠信書房
カウンセリングと精神分析　國分康孝　二〇〇四　誠信書房
学校カウンセリング　國分康孝・米山正信　二〇〇五　誠信書房

〈育てるカウンセリングによる教室課題対応全書〉

①サインを発している学級　國分康孝・國分久子監修／品田笑子・田島聡・齋藤優編　二〇〇三　図書文化
②学級クライシス　國分康孝・國分久子監修／河村茂雄・大友秀人・藤村一夫編　二〇〇三　図書文化
③非行・反社会的な問題行動　國分康孝・國分久子監修／藤川章・押切久遠・鹿嶋真弓編　二〇〇三　図書文化

④非社会的な問題行動　國分康孝・國分久子監修／諸富祥彦・中村道子・山崎久美子編　二〇〇三　図書文化
⑤いじめ　國分康孝・國分久子監修／米田薫・岸田幸弘・八巻寛治編　二〇〇三　図書文化
⑥不登校　國分康孝・國分久子監修／片野智治・明里康弘・植草信之編　二〇〇三　図書文化
⑦教室で気になる子　國分康孝・國分久子監修／吉田隆江・森田勇・吉沢克彦編　二〇〇三　図書文化
⑧学習に苦戦する子　國分康孝・國分久子監修／石隈利紀・朝日朋子・曽山和彦編　二〇〇三　図書文化
⑨教室で行う特別支援教育　國分康孝・國分久子監修／月森久江・朝日滋也・岸田優代編　二〇〇三　図書文化
⑩保護者との対応　國分康孝・國分久子監修／岡田弘・加勇田修士・佐藤節子編　二〇〇三　図書文化
⑪困難を乗り越える学校　國分康孝・國分久子監修／佐藤勝男・水上和夫・石黒康夫編　二〇〇三　図書文化

生活にいかすカウンセリング心理学　國分康孝　二〇〇三　中央法規出版
自分と向き合う 究極のエンカウンター　國分康孝・國分久子編著／片野智治他編集協力　二〇〇四　図書文化
構成的グループエンカウンター事典　國分康孝・國分久子総編集／片野智治編集代表　二〇〇四　図書文化
教師のコミュニケーション事典　國分康孝・國分久子監修　二〇〇五　図書文化
思いやりを育てる内観エクササイズ　國分康孝・國分久子監修／飯野哲朗著　二〇〇五　図書文化
構成的グループエンカウンターと教育分析　國分康孝・片野智治・國分久子　二〇〇六　誠信書房
人間関係がラクになる心理学 愛蔵版　國分康孝　二〇〇六　ＰＨＰ研究所
社会性を育てるスキル教育35時間 中学1年生　國分康孝監修／清水井一編　二〇〇六　図書文化

社会性を育てるスキル教育35時間　中学2年生　國分康孝監修／清水井一編　二〇〇六　図書文化
社会性を育てるスキル教育35時間　中学3年生　國分康孝監修／清水井一編　二〇〇六　図書文化
社会性を育てるスキル教育35時間　小学1年生　國分康孝監修／清水井一編　二〇〇七　図書文化
社会性を育てるスキル教育35時間　小学2年生　國分康孝監修／清水井一編　二〇〇七　図書文化
社会性を育てるスキル教育35時間　小学3年生　國分康孝監修／清水井一編　二〇〇七　図書文化
社会性を育てるスキル教育35時間　小学4年生　國分康孝監修／清水井一編　二〇〇七　図書文化
社会性を育てるスキル教育35時間　小学5年生　國分康孝監修／清水井一編　二〇〇七　図書文化
社会性を育てるスキル教育35時間　小学6年生　國分康孝監修／清水井一編　二〇〇七　図書文化
どんな学級にも使えるエンカウンター20選　國分康孝・國分久子監修／明里康弘著　二〇〇七　図書文化
新生徒指導ガイド　八並光俊・國分康孝編　二〇〇八　図書文化
カウンセリング心理学事典　國分康孝監修　二〇〇八　誠信書房
社会性を育てるスキル教育　教育課程導入編　國分康孝監修／清水井一編　二〇〇八　図書文化
教育カウンセリング概説　國分康孝　二〇〇九　図書文化
エンカウンターで保護者会が変わる　小学校　國分康孝・國分久子監修／片野智治編集代表　二〇〇九　図書文化
エンカウンターで保護者会が変わる　中学校　國分康孝・國分久子監修／片野智治編集代表　二〇〇九　図書文化
18歳からの人生デザイン　國分康孝　二〇〇九　図書文化
エンカウンターで不登校対応が変わる　國分康孝・國分久子監修／片野智治編集代表　二〇一〇　図書文化

カウンセリングのすべてがわかる　國分康孝・新井邦二郎監修　二〇一〇　技術評論社
教師の生き方・考え方　オンデマンド版　國分康孝　二〇一二　金子書房
どの先生もうまくいくエンカウンター20のコツ　國分康孝・國分久子監修／明里康弘著　二〇一二　図書文化
10分でできるなかよしスキルタイム35　國分康孝・國分久子監修／水上和夫著　二〇一三　図書文化
ガイダンスカウンセリング　國分康孝・國分久子監修／片野智治著　二〇一三　図書文化
これからの学校教育を語ろうじゃないか　梶田叡一・國分康孝・日置光久他著／諸富祥彦編　二〇一五　図書文化
構成的グループエンカウンターの理論と方法　國分康孝著／國分久子監修　二〇一八　図書文化

〈日本教育カウンセラー協会の本〉——國分康孝総監修によるもの

ピアヘルパーハンドブック　二〇〇一　図書文化
ピアヘルパーワークブック　二〇〇二　図書文化
教育カウンセラー標準テキスト初級編　二〇〇四　図書文化
教育カウンセラー標準テキスト中級編　二〇〇四　図書文化
教育カウンセラー標準テキスト上級編　二〇〇四　図書文化
新版　教育カウンセラー標準テキスト初級編　二〇一三　図書文化
新版　教育カウンセラー標準テキスト中級編　二〇一四　図書文化
新版　教育カウンセラー標準テキスト上級編　二〇一四　図書文化

◆國分康孝出演のおもなビデオ・CD・DVD

カウンセリング　一九七九　文映

カウンセラーの役割　一九七九　文映

カウンセリング・マインド：管理者育成シリーズ　一九八八　社会経済生産性本部

カウンセリング・マインド：第一線リーダー必修シリーズ　一九八九　社会経済生産性本部

カウンセリング・マインド：OJT実践講座　一九九一　社会経済生産性本部

管理者のための職場の心理学入門シリーズ①　職場にカウンセリングマインドを　一九九一　社会経済生産性本部

カウンセリング・マインド：管理者自己開発シリーズ　一九九二　社会経済生産性本部

カウンセリング・マインド：目標による管理実践シリーズ　一九九四　社会経済生産性本部

目標達成のための部下指導・援助実践講座　一九九五　社会経済生産性本部

國分康孝カウンセリングを語る（定年退官記念ビデオ）　一九九六　社会経済生産性本部

こころを育てるカウンセリング「構成的グループエンカウンター」実践技法　全8巻　一九九九　テレマックビデオ

3分間で見るエクササイズ20例：エンカウンターCD-ROM　一九九九　図書文化

教育カウンセリング講座　全4巻　二〇〇二　テレマックビデオ

構成的グループエンカウンター「ジェネリック」の思想と実践　全3巻　二〇〇七　テレマックビデオ

國分康孝のロールプレイングに学ぶ実践キャリア・コンサルティング　二〇一〇　キャリア・コンサルティング協議会

著　　者　國分康孝（東京成徳大学名誉教授）

監　　修　國分久子（青森明の星短期大学客員教授）

1930年	康孝，大阪（本籍地は鹿児島県）に，久子，平壌に生まれる
1945年4～8月	康孝，東京陸軍幼年学校に在籍
1949年	康孝，東京教育大学入学。同大学院に学びつつ，霜田静志門下として精神分析を研修
1952年	久子，活水女子短期大学英文科卒業
1954年	久子，関西学院大学社会文学部社会福祉学科（3年生で編入）を卒業。指導教授は竹内愛二
1954年	久子，福岡津屋崎コミュニティセンターで1年間働く。その後，大阪市日本キリスト教病院メディカルワーカー職員
1955年	康孝，久子，結婚
1957年	康孝，東京教育大学大学院教育学研究科生活指導専攻修士課程修了。指導教授は井坂行男
1959～1961年	康孝，関西学院大学助手
1961～1962年	両氏，米国メリル・パーマー研究所インターンシップ。両氏，クラーク・ムスターカスに学ぶ
1962～1966年	康孝，ミシガン州立大学大学院教育学研究科博士課程在籍，久子，同大学院家政学部修士課程在籍
1967年5月17日	第一子誕生
1966～1976年	康孝，多摩美術大学助教授
1973～1974年	両氏，フルブライト交換教授
1974年	康孝，ミシガン州立大学大学院カウンセリング心理学博士課程修了（Ph.D.），指導教授はウィリアム・ファーカー。久子は同大学院児童学専攻修士課程を修了。久子はその後，千葉短期大学教授，千葉商科大学教授，横浜市立大学非常勤講師を歴任
1976～1989年	康孝，東京理科大学教授
1979年	康孝，初の単著である『カウンセリングの技法』（誠信書房），『心とこころのふれあうとき』（黎明書房）を出版
1989～1996年	康孝，筑波大学教授
1995～2004年	両氏，日本カウンセリング学会常任理事に就任。康孝は，学会理事長および会長を務める
1996～2000年	康孝，聖徳栄養短期大学（現・東京聖栄大学）教授および学部長・副学長を歴任
1999年	NPO法人日本教育カウンセラー協会設立，康孝，会長および理事長を務める
2000～2011年	康孝，東京成徳大学教授，副学長。後に名誉教授
2001年～	両氏，青森明の星短期大学客員教授（康孝は2006年まで）
2009年～	康孝は日本教育カウンセリング学会理事長，久子は同学会常任理事に就任。スクールカウンセリング推進協議会（2015年より一般社団法人日本スクールカウンセリング推進協議会）設立，康孝は理事長，久子は理事を務める
2013年	康孝，瑞宝小綬章受章

カウンセリングとともに生きる

存在への勇気

二〇一八年六月二十日　初版第一刷発行〔検印省略〕

著　者　國分康孝ⓒ
監　修　國分久子
発行人　福富　泉
発行所　株式会社　図書文化社
〒一一二・〇〇一二　東京都文京区大塚一・四・一五
電話　〇三・三九四三・二五一一
ファクス　〇三・三九四三・二五一九
振替　〇〇一六〇・七・六七六九七
http://www.toshobunka.co.jp/
組版・印刷　株式会社　厚徳社
製　本　株式会社　村上製本所

乱丁・落丁本の場合はお取り替えいたします。
定価はカバーに表示してあります。
ISBN 978-8100-8705-5 C3037